CALLWEY

Andreas K. Vetter

Traumhaft schöne EINFAMILIEN HÄUSER um 250.000 Euro

CALLWEY

VORWORT

Im europäischen Vergleich ist der Anteil derjenigen, die in Deutschland im eigenen Haus leben, mit circa 38 % eher gering. Viele aber wünschen sich eine solche Möglichkeit. Begründet wird dies zum größten Teil mit dem guten Gefühl, dann in etwas »Eigenem« leben zu können. Viele halten sich mit der Realisierung des Bauwunschs dennoch zurück, weil sie auf ihr nicht allzu großes Budget schauen und meinen, damit ihre hohen Ansprüche an ein »gutes Wohnen« letztlich nicht baulich umsetzen zu können. Für ein Standard-Fertighaus würde es reichen, das eigentlich angestrebte individuelle Architektenhaus wäre aber schlichtweg zu teuer.

Keineswegs! Und diese Publikation liefert augenfällige Argumente für diese positive Gegenposition. Dazu stellt sie zahlreiche Beispiele für Einfamilienhäuser so vor, dass sie einerseits den Bauherren in vielerlei Hinsicht als anregende Grundlage für die Entwicklung eigener Ideen dienen können – Außen- und Innenaufnahmen, Grundrisse, Daten sowie eine charakterisierende Beschreibung. Andererseits können sie als Basis für das Planungsgespräch mit dem Architekten zum Einsatz kommen. Die Auswahl bemüht sich um eine bunte Vielfalt der Konzepte, zeigt Häuser vorrangig aus Deutschland, aber auch aus seinen Nachbarländern. Darüber hinaus präsentiert sie mit diesen Bauten bewusst auch einzelne Architekturbüros, die sich durch sensible und innovative Entwürfe auszeichnen.

Besonderes Augenmerk wird auf den zentralen Kostenanteil bei der Planung eines Privathauses gelegt. Orientierungspunkt sind die reinen Bauwerkkosten für Rohbau und Technische Anlagen, die bei unserer Auswahl hinsichtlich der baulichen Erstellung 250.000 Euro nicht übersteigen sollen. Mit weiteren Kostenfaktoren, Steuern und dem Architektenhonorar erreichen die Gesamtbaukosten eines anspruchsvoll und individuell gestalteten Einfamilienhauses dann durchschnittlich 300.000–350.000 Euro. Hinzu kommen noch das Grundstück, dessen Erschließung sowie die Außenanlagen. Wie sich diese Gemengelage an Ausgaben jedoch schließlich zu einem bezahlbaren Eigenheim fügen lässt, das ergibt sich in der gemeinsamen Durchplanung aller Komponenten mit dem Architekten.

Man kann also tatsächlich mit vergleichsweise überschaubaren Mitteln bauen, die sich langfristig gut finanzieren lassen. Und das Resultat muss nichts Durchschnittliches, nichts aus dem Katalog sein – dies belegen unter anderem die hier vorgestellten Konzepte.

◀ Finckh Architekten, haus F., Esslingen, 2012 – siehe S. 82-87

GRUNDSÄTZLICHE ASPEKTE

Haus

> *»Drei Dinge sind an einem Gebäude zu beachten: dass es am rechten Fleck stehe, dass es wohlgegründet, dass es vollkommen ausgeführt sei.«*

Einfacher und gleichzeitig anspruchsvoller als es 1809 in Goethes Roman »Wahlverwandtschaften« formuliert wird, lassen sich die Voraussetzungen für einen gelungenen Hausbau kaum zusammenfassen. Weiter heißt es dann, dass für die Lage des Hauses verständlicherweise der Bauherr verantwortlich sei, für Fundament und Wände der Maurer und für die vollendende Ausstattung letztlich viele weitere Gewerke. Je näher man sich dem Bauen also zuwendet, umso komplizierter stellt es sich dar. Gleichzeitig wird durch das Verbinden dieser drei beteiligten Gruppen aber auch deutlich, wie sehr es sich um ein Gemeinschaftswerk handelt. Nicht umsonst verwenden Philosophie, Theologie, Wirtschaft und auch die sogenannte Volksweisheit gern das Bild des »Hauses« als Symbol für das Miteinander. Es wurde schon immer in einem gemeinschaftlichen Prozess errichtet und es ist ebenso lang bereits der Lebens- und Aufenthaltsort des kultivierten Menschen. Die beiden zentralen Akteure sind dabei der Bauherr oder die planende Familie sowie der Baumeister. So hieß es damals, zu Goethes Zeiten, als der Beruf des Architekten noch nicht an Technischen Hochschulen gelehrt wurde. Doch zum Architekten selbst Genaueres später.

Zuerst stellt sich die Frage nach der Motivation des Bauens. Natürlich ist die primäre Aufgabe eines Gebäudes, dem Menschen und seinen Dingen einen schützenden und passenden Aufenthaltsort zu schaffen. Handelt es sich um ein Wohnhaus, dann erfährt diese Funktion eine weitere, fundamental wichtige Dimension: das Beheimaten. Gemeint damit ist das psychologische Element, welches für ein Bürogebäude, einen Bahnhof oder ein Lagerhaus eine viel geringere Bedeutung besitzt, da es sich bei ihnen nicht um einen existenziellen Lebensort handelt. Unser Wohnhaus dagegen ist unser persönlichster Rückzugsraum, in dem wir die tiefste innere Ruhe, körperliche Entspannung, geistige Zufriedenheit, individuelle Verwirklichung – ja, unser privates Glück leben möchten. Unser Haus ist »unser Platz«. Hier können und dürfen wir uns abschotten, uns in seiner Diskretion frei realisieren, hierher können wir aber auch unsere Freunde einladen, laut mit den Kindern herumtollen, verrückte Hobbys pflegen, wuschelige Haustiere halten oder ein seltsames Musikinstrument spielen. Gegenüber einer Wohnung, die sich das Gebäude mit anderen teilt und folglich räumliche Beschränkung sowie grundsätzliche Rücksichtnahmen bei der Nutzung fordert, genießen wir unter dem eigenen Dach indes eine umfassend größere Freiheit. Hinter den Außenwänden legt sich der Garten wie eine kleine, wohlgestaltete Privatlandschaft um unser Domizil und schafft Freiraum für Licht, Luft, Ausblick und Geräusche – der Nachbar im Übrigen profitiert dabei ebenso wie wir von dieser gesunden Distanz. Wir fahren das Auto direkt vor die Tür, können, wann immer wir wollen, auf Terrasse und Rasen hinaus, haben Fenster und Sicht, dort, wo es am besten passt, alles ist barrierefrei, sofern wir es so vorziehen – und darüber hinaus erlaubt das eigene Gebäude eine individuelle Innengestaltung, sogar den erweiternden Aus- oder Anbau. Die Motivation des Bauens umfasst neben der funktional optimierten privaten Versorgung also ebenfalls eine zusätzliche maßgebliche Qualität – die Gestaltung eines individuellen Orts, der exakt mit den Vorstellungen der Bauherrschaft übereinstimmt.

→ Ein Wohnhaus ist persönlicher Rückzugsraum. Hier soll man sich verwirklichen dürfen – sein Glück finden.

Abb. 1: ÜberRaum Architekten, Kirschblütenhaus, Achern (D), 2012 – siehe S. 66-71

Abb. 2: Baumann Architects, Split-Level-Haus, Stuttgart-Botnang (D), 2009

Traum

> *»Hier gehen wir in deinem Garten umher, und alles duftet nur so. Dort liegt dein Haus, ein Traum von einem Haus.«*

Abb. 3: Wohnstallhaus, Kleinschwarzenbach (D), Ende 18. Jh.

Abb. 4: Siegfried Moll, Einfamilienhaus, Bad Oldesloe (D), um 1955

An dieser Stelle nun wäre ein weiterer Begriff zu behandeln, der sich oft mit dem Bautyp des Einfamilienhauses verbindet: der »Traum«. Als in Thomas Manns weltberühmten Roman »Buddenbrooks« aus dem Jahr 1901 Senator Thomas Buddenbrook, das Familienoberhaupt der Lübecker Kaufmannsfamilie, sein neu erworbenes und renoviertes Stadthaus bezogen hat, besucht ihn seine Schwester Tony und kommt mit den oben zitierten Worten ins Schwärmen. Für sie ist es ein »Traum von einem Haus«, erfüllt also mehr als alle Erwartungen, die sie an ein entsprechendes Wohnhaus hat. Was aber unterscheidet ein »Traumhaus« von einem »Traum von einem Haus«? Ein Traum ist zuallererst etwas nicht Reales, wie eine Vision oder Utopie. Wir alle träumen gern. Dort kommt auch vieles zutage, was in uns an echten Wünschen schlummert. Anfangs wird das Träumen vom Haus dabei architektonisch eher ungenau sein und auf ästhetische und atmosphärische Wünsche reagieren. Es wird sich ein Bild suchen oder auf bereits vorhandene klischeehafte Vorstellungen setzen. In der Tat aber gehen wir mit solchen Vorstellungen sehr authentisch auf unsere ureigenen Vorlieben und faktischen Bedürfnisse ein. Man sollte sie deshalb nicht zu gering achten und verdrängen. Vielleicht lassen sie sich doch irgendwann einmal andeutungsweise oder umfassend umsetzen – und darauf zielt die Auswahl der in dieser Publikation gezeigten aktuellen Beispiele ab. Sie möchte nämlich unter Beweis stellen, dass Bauherren sich mit einem Haus, dessen Konzept mit einem Architekten gemeinsam entwickelt wurde, auch ohne ein dickes finanzielles Guthaben relativ nahe an »Wohnträume« heran bewegen können – man muss sich nur trauen.

Als wichtige Motivationen zur Planung eines eigenen Hauses werden neben dem Wunsch, in etwas »Eigenem« zu wohnen, zumeist genannt, dass man sich mit Immobilienbesitz eine Altersvorsorge schaffen kann, dass die bisher monatlich anfallende Miete dann endlich langfristig sinnvoll investiert wird, und zuletzt, dass eine solche Art der Geldanlage eine hohe Sicherheit besäße. Die aktuelle Umfrage eines großen deutschen Baufinanzierungsvermittlers ergab in ihrer »repräsentativen Wohntraumstudie 2013« jüngst, dass das »Traumhaus der Deutschen« eine durchschnittliche Größe von 136 m^2 haben sollte – bei Kindern bevorzugte man 158 m^2, ansonsten 129 m^2. Erstaunlicherweise benötigten die Frankfurter mit 142 m^2 dabei deutlich mehr Raum als die Hamburger mit 119 m^2. Am ruhigen Stadtrand wollten 23 % wohnen, am See 16 % und am Meer 18 % – ein Vergnügen, dessen Umsetzung den süddeutschen Bauherren wohl am schwersten fallen wird. 11 % der Befragten wünschten sich ein Energiesparhaus, 10 % ein Landhaus, 8 % einen Bungalow – 7 % hätten jedoch lieber eine Eigentumswohnung in der Stadt. Was die Ausstattung anbelangte, so ergab die Umfrage eine Rangliste angeführt von einer modernen Einbauküche, gefolgt vom Gäste-WC, einer Garage und dem eigenen Garten.

Zuallererst ist ein »Traumhaus« aber ein individuelles Konzept. Folglich gibt es keine Standardlösung. Es muss damit keineswegs groß, teuer und prachtvoll sein. Wichtig aber ist, dass es sich mit Plan und Umsetzung ehrlich und unmittelbar genau auf das konzentriert, was den Menschen »im Traum vorschwebt«. Die meisten der potenziellen Bauherren denken im Übrigen eher konservativ-pragmatisch und wünschen sich ein funktionales Gebäude. Es kann sich dabei durchaus auch um eine bescheidene Lösung handeln. Das Basismodell, mit dem man sich am ehesten den Bauwunsch realisieren kann, hat sich in Bezug auf seine Voraussetzungen und die Dimension, ja sogar die Außenform dabei über viele Generationen überraschend wenig verändert. Dies belegt exemplarisch die

Abb. 5: Steiner Weißenberger Architekten, Haus für eine Familie, Umland von Berlin (D), 2011 – siehe S. 78–81

Gegenüberstellung von drei deutschen Kleinhäusern: das erste aus dem endenden 18. Jahrhundert (Abb. 3) – noch mit integriertem Stall –, eines aus den deutschen Aufbaujahren um 1955 (Abb. 4) und eines von 2011 – aus der Projektreihe dieses Buchs (Abb. 5).

→ **Ein »Traumhaus« muss nicht groß und teuer sein. Wichtig aber ist, dass es sich mit Plan und Umsetzung ehrlich und unmittelbar genau auf das konzentriert, was seinen Bewohnern »im Traum vorschwebt«. Dann wird der »Traum von Haus« vielleicht wahr.**

Architekt

»Wenn du ein Haus aufzeichnest, vergesse nicht, dass du kein Graphiker bist, sondern ein Baumeister. Jeder Strich, den du zeichnest, ist der Anfang einer Verantwortung und legt dir Verpflichtungen auf.«

Über Architekten wurde im Laufe der Jahrtausende, in denen sich ihr Schaffen in unsere Kulturlandschaft eingeprägt hat, vieles gesagt und geschrieben. Zwei kluge Sätze, die sehr einfach formuliert wurden und dennoch sehr weit greifen, stammen aus dem Nachlass des deutschen Architekten und Hochschullehrers Paul Schmitthenner (1884–1972), der in den 1920er und 1930er Jahren die Entwurfsrichtung einer traditionsbewussten Sachlichkeit vertrat. Schmitthenner spricht den Architekten direkt an und weist dabei auf eine den Bauherren ziemlich wichtige Tatsache hin: Der Architekt nämlich sei eben nicht nur professioneller Baumeister. Im Prinzip handele es sich bei ihm ebenso auch um unseren Zeitgenossen, unseren Mitbürger, unseren »Nachbarn«. Und damit versteht er sowohl das komplexe Durcheinander all unserer menschlichen Bedürfnisse, weil er es aus eigener Erfahrung nur zu gut kennt, als auch die aktuellen Bedingungen des Lebens. Er weiß um die organisatorischen Facetten des Alltags wie Versicherungen, Steuern, Kredite, um banale Notwendigkeiten aus der Praxis, wie Flure zur Erschließung und integrierte Schrankelemente (Abb. 6), die Position des Gäste-WCs oder der Garage. Er weiß um alltägliche Abläufe wie die familiäre Hektik des morgendlichen Aufstehens, das Bedürfnis gemütlicher Abendentspannung, den Wunsch nach einem Spiel- und Hobbyraum und vielleicht das familienplanerische Vorhaben, mittelfristig auch die Großeltern zu sich ins Haus zu holen. Er kann dies alles nachvollziehen und »einbauen« in die Konzeption, denn er ist verständiger Gesprächspartner. Gleichzeitig wird erwartet, dass er sich mit Expertise um Konstruktion, passende Materialien und die Haustechnik kümmert, neueste Produktlinien kennt, innovative Heiz- und Dämmkonzepte integriert sowie eine perfekte Bauorganisation betreibt. Insofern gehört sein Beruf zu den anspruchsvollsten im großen Spektrum der modernen Arbeitswelt. Seine Tätigkeit umfasst nicht nur das Entwerfen und Planen, er ist auch Organisator, handwerklicher Projektleiter auf der Baustelle, Geschäftsführer seines Büros, eigener Marketingchef, Kreativer, und letztlich auch Psychologe und Mediator. Wenn man als Bauherr Glück hat, dann entwickelt sich neben dem professionellen Vertrauensverhältnis sogar noch eine Freundschaft, die das Großwerden der Kinder und der gepflanzten Bäume überdauert – und das, so Schmitthenner, soll eben vor lauter Professionalität nicht untergehen.

→ **Die Bedeutung und die große Qualität eines eigenen Architekten liegt darin, dass er eine authentische Beziehung zwischen dem Haus und seinen Bewohnern entwerfen kann.**

Abb. 6: L/A Liebel Architekten, Einfamilienhaus, Eingangsflur, Abtsgemünd (D), 2011

Abb. 7: Cityförster, RUBBERHOUSE, Almere (NL), 2011 – siehe S. 40-45

Individualität

»Indem wir uns dem Individuellen und dem Besonderen zuwenden, geben wir diesen die Möglichkeit, sich zu realisieren – in unseren Bauten.«

So beschrieb der deutsche Architekt Günter Behnisch (1922–2010) seine Entwurfshaltung. Das Ergebnis lässt sich am verwirklichten Gebäude bestens nachvollziehen. Behnischs Bauten – wie das Haus Birkach in Stuttgart oder der neue Plenarsaal des Bundestags in Bonn – sind unerreicht, was bauliche Offenheit, visuelle Transparenz, anregendes Materialspiel und atmosphärische Lichtgebung anbelangt. Sie bewegen sich auf den Menschen zu, öffnen sich ihm, laden ihn ein. Sie wären die Letzten, die uns eine autoritäre Fassade vorhalten würden, weil hier Architektur auf eine sehr spezielle Weise verstanden wird. Es sind Bauwerke, die für uns entstehen, und in denen wir leben möchten, wohnen, arbeiten und entspannen. Einen solchen Architekten wünscht man sich als Bauherr für sein neues Wohnhaus, in dem man eben dies tun wird: wohnen, arbeiten, entspannen. Es soll aber nicht nur eine reine Versorgungsarchitektur sein, sondern genau das oben Erwähnte: etwas Individuelles, etwas Besonderes – kurz: das persönliche Traumhaus. Um dies zu erreichen, kann man zwei Wege gehen. Denkbar wäre zum einen, mit einer möglichst großen Unverbindlichkeit zu bauen, wie es der niederländische Stararchitekt Rem Koolhaas (geb. 1944) vor einigen Jahren in einem Interview für sich feststellte:
»Mir gefallen Gebäude, die nicht autoritär sind, die wenig festlegen und möglichst viele Optionen bieten. Ob am Ende jemand diese Optionen nutzt, das bleibt natürlich offen. Ich kann als Architekt nur Angebote machen.«
Dort kann man sich dann jeweils nach Geschmack und aktueller Situation einrichten. Eigentlich aber ist es Aufgabe des Architekten – das haben wir oben gerade unter vielem anderen aufgezählt –, sich um den einzelnen Bauherrn zu kümmern, dessen spezielle Bedürfnisse und Träume herauszuarbeiten und je nach Möglichkeiten in einen Entwurf zu formen. Voraussetzung aber hierfür ist zuallererst, dass sich die Auftraggeber ihrer Vorlieben und Notwendigkeiten bewusst sind. Erfreulicherweise ist es längst üblich, sich in der Familie bei solchen Fragen gemeinsam um den Tisch zu setzen und offen miteinander zu planen: Eltern und Kinder, eventuell auch die beteiligten Großeltern. Haben Sie aber auch den Mut dazu, sich auf eine typische Architektur einzulassen, die Ihnen das Architekturbüro anbietet, auf kleine Details wie ein »Erkerfenster« oder größere Gesten wie eine charakteristische Dachform. Anspruchsvolle Individualität des Eigenheims, die sich aus dem baulichen Konzept ergibt, ist eine authentische – im Vorgarten aufgestellte Gartenzwerge oder auf den First gesetzte Keramikmotive haben nichts mehr mit Architektur zu tun. Nehmen Sie sich schon in der Planungsphase die Zeit dafür – und lassen Sie das Besondere auf den Entwurf einwirken.

→ **Beim eigenen Wohnhaus geht es nicht um eine funktionale Versorgungsarchitektur, sondern um den idealen Ort individuellen Wohnens.**

Passform

»Die Urform allen Wohnens ist das Dasein nicht im Haus, sondern im Gehäuse.«

Es gehört zu den bekanntesten Äußerungen über die Grundbedingungen des Wohnens, jenes Zitat aus den Schriften des Philosophen Walter Benjamin (1892–1940), und er bezog sich damit auf die altmodische Zeit der ausstattungs- und dekorbesessenen Epoche vor 1900 – man erinnere sich an die vor Möbeln und Textilien überbordenden Wohnungen und die romantisch historisierenden Hausfassaden. Benjamin charakterisierte dieses üppig wohlmeinende 19. Jahrhundert folgendermaßen: »Es begriff die Wohnung als Futteral des Menschen und bettete ihn mit all seinem Zubehör« tief ein. Ein Haus, das auf den Punkt exakt geplant wird, das nach Fertigstellung um die einzelnen Mitglieder der Familie auf ideale Art eng anliegend gebaut wurde, so wie man es von den samtgefütterten Etuis für eine Armbanduhr oder das Silberbesteck kennt – das mag sich – auch heutzutage – für den Moment sehr angenehm anfühlen. Möchte man sich dann jedoch einmal anders verhalten oder muss die bisherige Raumnutzung umdenken, da sich unerwartet ein weiteres Kind ankündigt, dann entwickelt sich das wunderbar passgenaue Futteral vermutlich zum Problemfall. Es ist also am Architekten, eben nicht mehr ein monofunktionales Etui, sondern ein deutlich freier zu

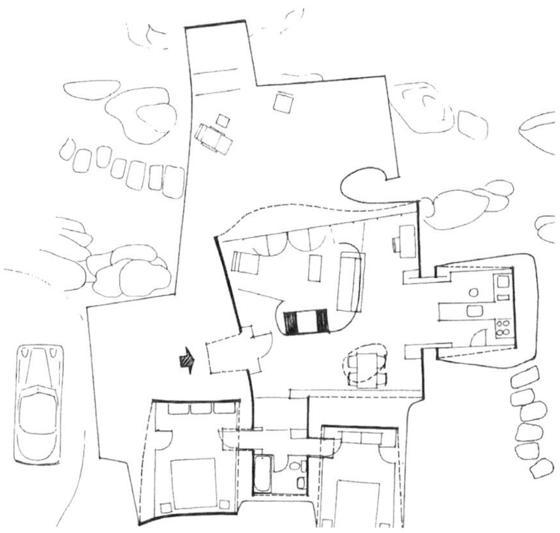

Abb. 8: John Johansen, Projekt: Spray Form House, 1954

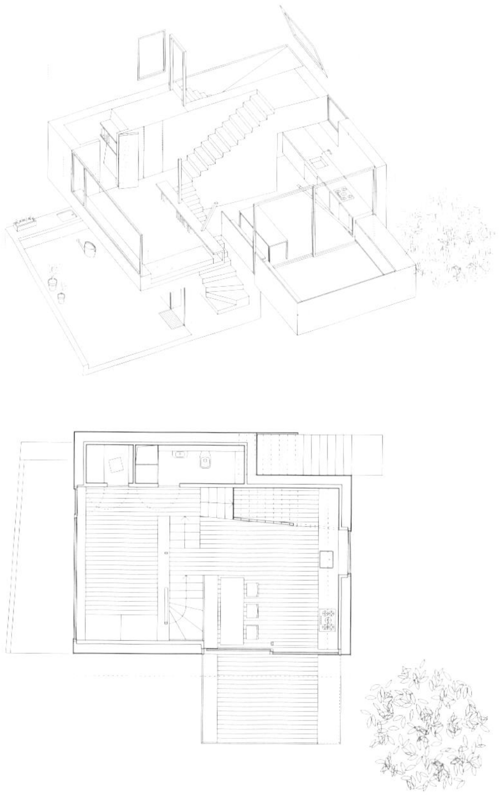

Abb. 9/10: amunt, Haus JustK, Tübingen (D), 2010

nutzendes »Gehäuse« zu erarbeiten, das dreierlei Eigenschaften besitzt: Es formuliert eine eigenständige, typische Hausgestalt, die sich dabei sorgsam auf die Familie einstellt, verfügt aber grundsätzlich über »Optionen«, die den Bewohnern eine flexible Nutzung ermöglichen. Keine einfache Aufgabe, denn eines der maßgeblichen Elemente anspruchsvoller Architektur ist die besondere Gestalt eines Hauses, die es formal typisch werden lässt und den Lebensort seiner Bewohner auf einmalige Weise charakterisiert. Wie schön ist es, wenn man in den Wohnstraßen am Stadtrand keine austauschbare Massenware, sondern Eigenheime vorfindet, die spezifisch für Bedürfnisse, Ansprüche und Stilempfinden ihrer jeweiligen Bauherren stehen. Wenn sich der Architekt intensiv mit seinen Auftraggebern bespricht, wird dann tatsächlich auch eine eigenständige Hausgestalt als Resultat entstehen – wobei man hinzufügen muss: sofern es die örtlichen Bauordnungen gestatten.

Grundsätzlich aber verfügt die Architektur von alters her über ein großes Spektrum an Möglichkeiten, die sich nutzen lassen, um sowohl persönlich anzupassen als auch nutzungsflexibel zu bleiben, um eine inspirierte, eigenständige Wohnsituation zu schaffen und gleichzeitig mit bescheidenem Budget ökonomisch zu planen. Später kommt dies dann bei aktuellen Projekten noch ausführlich zur Darstellung. Hier aber soll jenes individualisierende Potenzial anhand zweier sehr unterschiedlicher Grundrisse schon einmal andeutend gezeigt werden. Ganz bewusst handelt es sich dabei in der Tat um typologisch, örtlich und zeitlich divergierende Planungen für jeweils ein Wohnhaus:

Das erste Beispiel ist ein im freien Gelände sitzendes, einstöckiges, also horizontal orientiertes Landhausprojekt des Amerikaners John Johansen aus den 1950er Jahren (Abb. 8), dessen Räume sich als Einzelkörper in alle Richtungen entwickeln, so als würde man einzelne Zelte auf einem Lagerplatz in der Natur für ein Camp zusammenstellen. Vom geparkten Auto läuft man direkt ins Zentrum der kleinen Anlage, wo sich der Kamin befindet – ein Erinnerungsmotiv an das Lagerfeuer der Pioniere. Vor ihm liegt der Wohnbereich, der Essplatz erhält ein eigenes Oberlicht. Wie ein kleiner Satellit drängt sich daneben der Küchenerker in den Garten. Sehr eindrücklich bildet der Grundriss zudem ein allabendliches Ritual des Wohnens nach: das Sich-Zurückziehen in die Schlafzimmer. Sie werden mit ihren separierten Baukörpern samt Bad vom Wohnbereich klar getrennt. Auch hier also basiert der Plan auf einer genauen Analyse der Lebensweise einer Familie, die sich in der Disposition der Räume exakt wiederfindet, dennoch aber genügend Flexibilität erlaubt.

Der zweite, vertikal orientierte Planung zeigt ein kleines, turmartiges Einfamilienhaus, das – gefertigt aus Massivholzelementen – 2010 in einem älteren innerstädtischen Wohngebiet von mittlerer Bebauungsdichte entstand (Abb. 9/10). Der genial simple Plan musste mit einer deutlichen Begrenzung der bebaubaren Fläche, aber auch der zur Verfügung stehenden Finanzen auskommen. So wird vieles auf mehrere klein bemessene Geschossebenen verteilt. Dank dieser durchdachten Anlage des Grundrisses kann der umbaute Raum reduziert werden, womit sich der benötigte Materialaufwand verringern und eine günstigere Energiebilanz erreichen lässt. Der Eingang liegt im Souterrain, von wo man über die mittlere Treppe zur Wohnebene im Hochparterre aufsteigt. Der Hauptraum der Familie liegt rechts als Wohnküche mit großem Balkon, auf den hinaus sich die

Abb. 11: Detail der Treppe - Adrianowytsch Architekten BDA, Haus K30, Augsburg (D), 2011 – siehe S. 162-165

Sitzbank des Esstischs fortsetzt – das charakteristische Motiv dieser Zone. Links der Treppe befindet sich der wiederum etwas erhöht liegende Rückzugsbereich des Wohngeschosses zum Lesen, Entspannen und Plaudern. Auch hier erhielt die Familie etwas Besonderes, in dem sich die baulich höchst präzise eingegliederte Funktion mit einem persönlichen Alleinstellungsmerkmal verbindet – eine kleine Studierkammer mit winzigem Schreibtisch. Sie fügt sich wie ein Schrank neben das Gäste-WC in die nördliche Wand. Ein optimiertes »Gehäuse« also, das die drei jungen Architekten mit ihren Bauherren zusammen formten: ökonomisch, spezifisch und passgenau.

→ Ziel ist eine eigenständige, typische Hausgestalt, die sich dabei sorgsam auf ihre Bewohner einstellt.

Konzept

»Die Arbeit ist für mich ein Prozess, der vom Wohnen ausgeht und zum Wohnen zurückführt.«

Dieser Satz findet sich im Einleitungstext zu einem Buch, das der Schweizer Architekt Peter Zumthor vor fünfzehn Jahren über seine Häuser verfasste. Zweifelsohne würden auch seine berühmten Kollegen Zumthor als einen derjenigen Architekten charakterisieren, die sich am tiefgründigsten, sensibelsten und konsequentesten in die planerische Entwicklung ihrer Bauwerke begeben. So reduziert und wahr wie seine Architektur tritt auch diese Aussage auf. Was in ihren wenigen Worten zum Ausdruck gebracht wird, umschreibt letztlich die Haltung, mit der sich der Architekt dem Entwurf des Wohnhauses nähert. Ist zuvor nicht festgelegt worden, was Bauherr und Architekt eigentlich wollen, was sie unter Wohnen verstehen und wie sie dies in seiner individuellen Umsetzung wünschen, dann wird nicht gelingen, was Peter Zumthor mit seinem Zirkelschluss formulierte: nach der Planung im fertiggestellten Haus »zum Wohnen zurück« zu kommen. Ansonsten wird das Haus irgendwie passabel benutzt, mit seinen Zimmern, Küche, Bad. »Wohnen« aber ist eine persönliche Angelegenheit, die jeder anders liebt und ausübt. So wäre es höchst bedauerlich, wenn sich nicht genau diese spezielle Art des Wohnens in der Architektur leben ließe, die man gemeinsam erarbeitet hatte. Notwendig für einen zielführenden Prozess also sind ausführliche Gespräche über Funktionsleistungen, die man braucht, über den Komfort, den man erwartet und über Atmosphären, von denen man träumt. Darauf folgt die planerische Konzeption durch den Architekten, als deren sachliche Grundlagen die topografische Situation, die örtliche Bauordnung, der Kostenrahmen, konstruktive und technische Bedingungen sowie weitere Konditionen wie beispielsweise die Vorgabe eines Ziegelmassivbaus, eines Holzbaus oder eines Passivhauses anzuführen wären.

Hinzu kommt die kreative, gestalterische Seite, deren Grundlagen sich insbesondere aus den Vorgesprächen mit den späteren Bewohnern entwickelt haben. Hier werden planleitende Entscheidungen getroffen: Möchte man beispielsweise ein massiveres Haus mit einem höheren Wandanteil und vielleicht vorkragendem Dach, sodass sich ein tendenziell zurückgezogener, gemütlicherer Charakter ergibt? Oder bevorzugt man ein leicht wirkendes, großflächig befenstertes Gebäude, mit dem sich ein durchlichtetes, an das Außen anschließendes Wohnen realisieren lässt? Es könnte aber auch ein an der Bauhaus-Moderne orientiertes kubisches Flachdachhaus werden, das eine elegant rationale Formsprache spricht, mit klaren Linien und betont glatten Oberflächen. Einfluss auf das wohnpsychologische Empfinden des Hauses nimmt auch die Anordnung der Räume im Hauskörper: Bewohnt man bewusst ein Flachdachgebäude oder eines mit ausdrucksleitendem Dachaufbau? Ist das Gebäude blockhaft zentriert, längsorientiert oder im Winkel angelegt, eventuell sogar ein Atrium- oder Hofhaus? Entwickelt es seine inneren Bezüge in Terrassen den Hang hinab oder fügt es turmartig kleine Geschosse übereinander? Jede Disposition bedeutet spezifische Raumbezüge und auch Ausblicke, verbindet die innenräumliche Situation zu einem Raumfluss, differenziert die Nutzung des Hauses in eigenständige Zimmer oder verteilt das Wohnen über mehrere Etagen.

Zur Konzeptfindung gehört eine solche, erst einmal durchaus mit Klischeevorstellungen arbeitende Diskussion. Allzu große Freiheit besteht allerdings nicht – wie schon oben im Text angedeutet –, da gerade hinsichtlich der Großform aufgrund lokaler Bauvorgaben nicht selten deutliche Grenzen gesetzt werden. Dennoch, auch wenn ein Satteldach mit roten Ziegeln gefordert sein sollte – inzwischen belegen zahlreiche raffinierte Entwürfe, wie zufriedenstellend auch hier persönliche, vielleicht sehr moderne Vorstellungen selbst mit Vorschriften harmonisiert werden können, die bewusst regionalen Bautraditionen folgen (zu Beispielen siehe: Andreas K. Vetter, Moderne Giebelhäuser, Callwey Verlag, 2006). Wie auch immer, für die erste Phase, die architektonische Konzeption, ist ein offenes Gespräch die Basis. Wobei sich jeder, der ein Haus für sich in Angriff nimmt, selbst zur Ehrlichkeit und Pragmatik verpflichten sollte. Echtes Wohnen ist kein Spielfilm, sondern Realität. Und so sind bestimmte Fragen zu stellen. Beispielsweise: Wo verbringt man die meiste Zeit – in der Küche, am Esstisch, auf dem Sofa? Wo sollen die Kinder sich austoben dürfen – in ihren Zimmern oder besser auf einem gemeinsamen Spielflur? Würden nicht zwei separate Schlafzimmer für die Eltern dem individuellen Lebensrhythmus der Erwachsenen besser entsprechen als das konventionelle Ehebett? Wie oft hat man Besuch und benötigt dieser dann eventuell besser ein eigenes kleines Bad etc.? Der Architekt ist auf solche Informationen angewiesen, um seine Parameter einstellen zu können – wobei auch die Aussage wertvoll ist, dass man sich am liebsten nicht exakt festlegen, sondern eine flexible Lösung vorziehen würde – vielleicht möchte man das Dach doch bald ausbauen. »Geben Sie allen Beteiligten Gedankenfreiheit, aber verlieren Sie die fundamentalen Wohnbedürfnisse nicht aus den Augen«, das wäre hier zu fordern.

→ Aus konzeptionellem Planen gewinnt man Leitpunkte für die Gestaltungssprache.

Kosten

»Das Haus hat der Bequemlichkeit zu dienen.«

So lautet ein wunderbar selbstverständlich klingender Leitsatz des Wiener Architekten Adolf Loos (1870–1933) aus dem Jahr 1921. Natürlich darf das Wohnen nicht unangenehm sein. Doch: Bequemlichkeit im eigenen Hause muss man sich erst einmal leisten können – das sollte man hinzufügen. Um innerhalb des selbst gesetzten Kostenrahmens zu bleiben, ist eine gewisse Disziplin angebracht, auch wenn nicht jeder Bauherr darauf angewiesen ist, sein Vorhaben in ein knapp gehaltenes Budget zu fügen. Jene für diese Publikation gesetzte Vorgabe, die reinen Baukosten der vorgestellten Häuser möglichst nicht über 250.000 € steigen zu lassen, signalisiert bereits, dass es sich um Entwürfe handelt, die mit einer bewusst niedrigen Gesamtkostensumme arbeiten. Bei einem angenehm dimensionierten Einfamilienhaus für vier Personen muss also konzentriert überlegt werden, an welchen Stellen man das Wohnen ökonomischer machen kann. Es Verzicht zu nennen, muss nicht sein. Vielleicht passt es hier, von intelligenter Bescheidenheit zu sprechen – gerade, wenn man sich eine bestimmte, eher niedrig angesetzte finanzielle Grenze gesetzt hat, liegt es denn oft schon an der Konzeption des Hauses, ob eine harmonische Lösung gelingt, oder man im Nachhinein ungewollte Kompromisse eingehen muss.

Entsprechende Fragen lauten beispielsweise: Wo können mehrere Funktionen zusammengeführt werden? Wo lässt sich die Raumnutzung optimieren und ein Lagervolumen einfügen? Würde man sich bei einem Bad auf 6–8 m^2 beschränken können, wobei auf eine äußere Lage im Grundriss wegen des Fensters für Tageslicht und schnelle Entlüftung geachtet werden sollte? Leistet man sich einen konstruktiv aufwändigen Balkon, wenn 3 m tiefer ohnehin eine Terrasse vorhanden ist? Kann man grundsätzlich auf den Keller und eventuell teilweise auf Erschließungsflächen verzichten? Welche Räume könnten eigentlich wirklich klein, also mit 10–12 m^2 bemessen werden, wenn man ohnehin am liebsten im Wohnraum zusammensitzt? Kann ein cleverer Innenausbau ein flexibles Raumkonzept erzeugen und ein attraktives Arbeits-/Gästezimmer erfinden? Der Architekt wird reagieren: Ein kompakter Baukörper ohne Vor- oder Rücksprünge beispielsweise ist günstiger zu erstellen und lässt sich effektiver heizen. Individuelle Erker sowie ein Regenschutz und Schatten gebender Dachüberstand dagegen kosten mehr, besitzen jedoch auch Vorteile – funktionale wie stilistische. Dies wäre abzuwägen. Ebenso erspart ein offenes, kollektiv angelegtes Familienwohnen mit kleinen persönlichen Rückzugsräumen Kosten, da auf die eine oder andere Trennwand sowie Türen verzichtet werden kann. Aber auch hier müssen sich die Bewohner zuerst ehrlich über ihre Wohnvorstellung einig werden und vor allem kommende Bedürfnisse einplanen – werden Kinder größer, brauchen sie eigene, abtrennbare Bereiche. Erlernt jemand ein Instrument, sollte das die anderen nicht stören usw. Auch auf baulich-konstruktiver Seite lässt sich sparen. Eine kompakte Disposition der Räume im Hauskörper benötigt weniger Baumasse, die Verwendung gleicher Fenster- und Türentypen beziehungsweise einheitlicher Bauelemente trägt dazu bei, ebenso ein hoher Vorfertigungsgrad. Es muss sich im Übrigen auch nicht jedes Fenster öffnen lassen – eine Festverglasung reduziert Kosten. Die kluge Positionierung von Installationen und Leitungen ebenfalls, also etwa wenn WCs, Bäder, Küche und Waschküche im Grundriss neben- und übereinander sitzen.

Der Ästhetik muss all dies keinen Abbruch tun. Im Gegenteil: Das kreative Architekturbüro nimmt die Herausforderung gern auf, denn es gewinnt daraus Leitpunkte für die Gestaltungssprache. Mitunter führt auch die kostengünstige Integration schlichtester Materialien, Bauteile und Oberflächen aus dem industriellen Kontext zu spannenden und individuellen Lösungen. Wirft man einen Blick auf die professionellen Leistungen des Architekten, die dieser entweder komplett oder teilweise seinen Bauherren anbietet, dann differenziert die in Deutschland geltende Honorarordnung für Architekten- und Ingenieurleistungen HOAI, in der jene sogenannten Leistungsphasen definiert sind, das »Planen« für den Verlauf der Entstehung eines Hauses ganz bewusst in verschiedene Etappen – in Österreich gibt es die vergleichbare HIA und den »Leitfaden zur Kostenabschätzung im Planungswesen«, in der Schweiz die LHO. Die in der HOAI festgelegten neun Leistungsphasen lauten:

1 Grundlagenermittlung / 2 Vorplanung / 3 Entwurfsplanung / 4 Genehmigungsplanung / 5 Ausführungsplanung, Werkplanung / 6 Vorbereitung der Vergabe / 7 Mitwirkung bei der Vergabe / 8 Objektüberwachung / 9 Objektbetreuung und Dokumentation.

Für den gesamten Prozess gilt – dies sollte hier unbedingt noch angefügt werden –, dass die Kostensituation durchgehend transparent bleibt. Auf diese Weise behalten die Bauherren das Gefühl für die Finanzierbarkeit ihres Vorhaben, können bei Einzelentscheidungen jeweils abwägen, ob sie sich diese wirklich leisten wollen beziehungsweise günstigere Lösungen suchen sollten. Und sie riskieren keine unkontrollierte Steigerung der Gesamtkosten. Nicht übersehen werden sollte im Übrigen auch die – in dieser Publikation nicht behandelte – Option eines Doppelhauses (Abb. 12/13), da sich hiermit für die Einzelbauherren einige Kostenfaktoren reduzieren lassen.

Abb. 12: Architekten Spiekermann, Doppelhaus Kuben x4 (2 × 106 m²), Warendorf (D), 2011

Abb. 13: Hicker Architekten, Doppelhaus Einertshofer (2 × 149 m²), Eurasburg (D), 2009

→ Die Kostenfrage stellt zwar einen wesentlichen Aspekt innerhalb des Bauvorhabens dar, sollte aber bei begrenztem Budget nicht zu grundsätzlichem Verzicht führen – der vom Architekten geführte Planungsprozess bietet viel Potenzial für überraschende Lösungen oder produktive Kompromisse.

Planung

»Das Planen ist die schönste Zeit beim Hausbau.«

Ein Zitat, das sicher eine geteilte Resonanz hervorrufen wird. Diese Worte stammen natürlich von einem Architekten. Einem Beruf, dessen Metier ebengerade die Planung ist, insofern lässt sich die darin enthaltene Begeisterung erklären. Es handelt sich um den ersten Satz des »Großen Buchs vom eigenen Haus«, 1954 erschienen als eine der frühesten Callwey-Architekturpublikationen in der Nachkriegszeit, ein Standardwerk. Der Autor Siegfried Stratemann beschreibt im Folgenden, wie sehr sich die Bauherren üblicherweise über einen langen Zeitraum schon mit ihrem Hauswunsch beschäftigen, andere Wohnhäuser zum ersten Mal analysierend betrachten, das Vorhaben im Kopf, im Gespräch und mit Skizzen immer wieder neu angehen – das ist zwar anstrengend, aber eben auch mit viel Vorfreude verbunden. Und dann kommt er auf den Architekten zu sprechen: »Der Bauherr weiß oft gar nicht, wie gern auch der Architekt plant, wie gern der Architekt gerade mit einem verständigen Bauherren plant, mit einem Bauherrn, der eigene Ideen und wirklich eigene Phantasie hat.«

Betrachtet man die oben erwähnten Leistungsphasen, dann findet in der Phase der »Vorplanung« die gemeinschaftliche Vorarbeit am Hausentwurf statt – auf Basis der Daten und Rahmenbedingungen des örtlichen Bebauungsplans, die der Architekt zuvor ermittelte. Es fügen sich Ideen, Bedürfnisse und natürlich auch »Träume« der Bauherren durch die Hand des Architekten zu einer umsetzbaren Konzeption, die sich im Verlauf weiterer Prozessschritte zu Grundrissversionen und einer Vorstellung von der späteren Großform des Gebäudes entwickeln wird. Das »Schöne«, wie es Stratemann beschrieb, liegt hier sicher in der grundsätzlichen Freiheit, die man noch hat, bevor man sich festlegt, und dem aufregenden Gefühl, dass sich nun ein »Traum« tatsächlich langsam zu einem eigenen Haus entwickelt – in konzentrierten Besprechungsterminen zwar, aber dafür anregend und professionell geführt.

Abb. 14: Planungsbüro Jürgen Haller, Haus Moosbrugger-Fleisch, Lustenau (A), 2013 – siehe S. 158-161

Diese erste, grundlegende Planung eines Konzepts umfasst andere Aspekte als die später vom Architekturbüro durchgeführte Bauausführungsplanung, in der sich Technik, Material, Konstruktion, konkrete Ausstattungsfragen und die Organisation verbinden. Am Anfang stellen sich allgemeinere Fragen zum Ort, zum Kontext und Stil und zur Nutzung. Je intensiver man sich zu diesem frühen Zeitpunkt über diese noch nicht eigentlich konstruktiv-baulichen Zusammenhänge und Bedingungen austauscht, umso weniger riskiert man später Defizite oder sogar Unstimmigkeiten. Anders als bei der Entscheidung für ein Kataloghaus profitiert der Bauherr gerade hier maßgeblich von der Beratung durch Architekten, die aufgrund der gemeinsam durchgeführten Basiskonzeption des Hauses nicht nur auf individuelle Wünsche eingehen, sondern Bedürfnisse heraushören und dank professioneller wie persönlicher Erfahrungen zwischen Wunsch und Realität moderieren können. Er wird sicher auch dazu raten, vor der Wahl eines Bauplatzes die vorhandene örtliche Infrastruktur zu beachten – also nach der Entfernung zu Einkaufsmöglichkeiten oder Schulen zu sehen –, aber auch die technische Infrastruktur zu prüfen. Optimal und kostenreduzierend baut derjenige, dessen Grundstück bereits umfassend angeschlossen ist: an Wasser , Strom- und Gasversorgung, an das Breitbandkabelnetz, eventuell an Fernwärme oder lokale Energieangebote. Angeraten ist zudem die Informierung über die Beschaffenheit des Baugrunds – denn wer möchte schon vor Beginn der Fundamentarbeiten ungeahnte Investitionen in die Entfernung störender Felsblöcke leisten müssen? Auch das Wasser kann an bestimmten Orten Probleme bereiten – bei drückendem Grundwasser oder in Überschwemmungszonen.

Was gehört also in diese erste Zeit des konzeptionellen Gesprächs? Die Auseinandersetzung mit dem kulturlandschaftlichen und soziokulturellen Kontext. Wer sein Haus in eine bestehende Nachbarschaft baut – sei es nun ein Dorfrand, eine grüne Vorstadt oder ein innerstädtisch dichtes Viertel –, konfrontiert die dort bestehende Situation aus Gebäuden, gelebten Orten und gesellschaftlichen Beziehungen mit einem bisher ungewohnten Mitspieler – dem neugebauten Haus. Es ist also hier mit einer großen Sensibilität für das Umfeld vorzugehen. Überall wird der Bauende mit einer ländlichen, vorstädtischen oder urbanen Kulturlandschaft eigener Prägung zu arbeiten haben. Was die architektonische Moderne in den Jahrzehnten nach 1920 mit ihrem rigorosen, bewusst rücksichtslosen Reformeifer ignorierte, das ist vielen heutzutage längst wieder wichtig geworden. Nämlich die Suche nach einer authentischen Beziehung zum Ort. Wir wissen, wie gut sich ein Haus einpassen kann, das man seinem baulichen Umfeld gegenüber adäquat dimensioniert und das über eine kluge Abstimmung zwischen selbstbewusstem Auftritt und privater Diskretion verfügt. Damit ist ihm zumeist auch eine positive Aufnahme durch die Nachbarn garantiert – was kein unmaßgeblicher Aspekt für ein Eigenheim ist, in dem man zufrieden leben möchte. Auch wenn einem dabei die örtlichen Bauvorgaben oft zu rigide erscheinen, so finden sich in diesen sinnvolle Aspekte regionaler Bautraditionen, bei denen es sich lohnt, genauer hinzuschauen, denn sie wurden durch viele Generationen für gerade diese Landschaft entwickelt – »als überlieferte, erprobte und bewährte Methode, um Bedürfnisse in Entwürfe zu verwandeln«, wie es der Schweizer Architekturtheoretiker und Architekt Vittorio Magnago Lampugnani formulierte. Ein örtlich fest verankertes Architekturbüro verfügt hier über einen mitunter sehr wertvollen Erfahrungsschatz. Gleichzeitig aber kann es natürlich auch spannend sein, sich mit jungen und experimentell arbeitenden Architekten oder Büros von weither und aus einem vollkommen anderen Kontext (Großstadt/Land) an die Planung zu setzen – um eventuell etwas hervorzurufen, was eben nicht so »nahe liegt«.

An zweiter Stelle steht der Aspekt der Funktionalität und spezieller Nutzungsvorgaben. Hier ist vor allem der pragmatische Aspekt des Verhältnisses von Mensch und Bauwerk angesprochen. Wie im Artikel zum »Konzept« schon behandelt, muss hier eine selbstbewusste Vorklärung durch die Bauherren erfolgen – was brauchen wir unbedingt, was hätten wir gern, von was träumen wir? Planen bedeutet aber vor allem eine Rationalisierung solcher Vorstellungen. Schließlich handelt es sich um die Basis dessen, aus dem der Architekt die weitere Konkretisierung und die Bauausführungsplanung entwickeln muss. Aufgrund der Tatsache, dass ein Haus eigentlich prinzipiell für eine generationenüberschreitende Dauer gebaut wird, erscheint es sinnvoll, vorausdenkend für eine Flexibilität der inneren Disposition oder die Erweiterungsfähigkeit des Entwurfs zu sorgen – jedes Haus hat seine »Lebensphasen«. Die erste Nutzergeneration mag ja jene Konstellation abbilden, die im Moment für den europäischen Industriestaat typisch ist: die Kernfamilie aus einem Elternpaar mit zwei Kindern. Die planenden Bauherren aber sollten sich nicht scheuen, daran zu denken, dass sich diese gerade vorherrschende Idealsituation der jungen Familie nach vielleicht zwei Jahrzehnten in ein neues, vollkommen anders gestaltetes Szenario wandeln kann. Bestandteil einer klugen Basisplanung ist demnach grundsätzlich auch folgende Frage: Wäre es später ohne großen baulichen Aufwand möglich, ein durchschnittlich groß angelegtes Einfamilienhaus für Eltern und kleine Kinder durch ein »Mehrgenerationenkonzept« in ein Haus für Eltern und erwachsene Kinder, in ein Haus für die Senioren und ein erwachsenes Paar, in ein Haus für einen Senior und einen baulich separierten Untermieter etc. zu modifizieren? Der Einbezug entsprechender Potenziale der Veränderung in die Vorplanung des Konzepts wird hierbei einerseits ökonomisch von Vorteil sein, da die Eigentümer ihre dann anfallenden Umbaukosten gering halten können. Andererseits – und dies ist keineswegs zu unterschätzen – bedeutet es auch auf emotionaler Ebene eine Erleichterung, da es den bisherigen Nutzern, wenn sich in späteren Jahren maßgebliche Veränderungen einstellen, leichter fallen wird, ihre neue Situation zu bewältigen, ohne das Gewohnte allzu sehr verändern oder sogar ausziehen zu müssen.

→ **Ein ausführliches Vorgespräch mit einer analytischen Erfassung der individuellen Wohnbedürfnisse ist die Voraussetzung für ein kluges Grundkonzept der Planung.**

Abb. 15: juri troy architects, Haus unter den Eichen, Eichgraben (A), 2013 – siehe S. 106-109

hundert auf in das herkömmliche Prinzip des Mauerwerks und die Stahlbetontechnik. Weitere, inzwischen auch im privaten Wohnbau eingesetzte Primärmaterialien sind Stahl und Glas. Sie wurden während der letzten hundert Jahre kontinuierlich für den Einsatz in der Architektur perfektioniert und ermöglichen es, die Tragstruktur zu minimieren und die Außenhülle transparent werden zu lassen. Wer sich nicht nur um die gestalterische Attraktivität seines Domizils, sondern auch um dessen sensible Einpassung in die Umwelt kümmern möchte, der achtet üblicherweise zuerst auf eine möglichst positive Energiebilanz bei seiner Nutzung. Die Materialität des Hauses trägt jedoch ebenfalls wesentlich zu einer Umweltfreundlichkeit bei. Zum einen reduziert eine lange, mehrere Generationen betragende Gebrauchsdauer den Investitionsaufwand sowie die Umweltbelastung durch Produktion und Baubetrieb pro Jahr – und dies gewährleistet eine dauerhafte Bautechnologie. Zum anderen verringert der Einsatz traditioneller ortstypischer Baustoffe wie Ziegel, Stein oder Reet, vor allem aber der des nachwachsenden Baumaterials Holz die Umweltbelastung und gleicht negative Folgen aus, wie sie durch die industrielle Herstellung der dennoch unvermeidbaren Materialien Stahl und Glas entstehen.

Abb. 17: Schauer + Volhard Architekten, Haus J, Wandaufbau mit Strohstreichlehm, Darmstadt (D), 2012 – siehe S. 32-35

Der Baustoff Holz, um eines der genannten Materialien etwas genauer zu betrachten, besitzt enorme Vorteile, da er gleichsam automatisch nachwächst, zu einer positiven CO_2-Bilanz beiträgt oder mit seinen unterschiedlichen Arten eine Vielzahl spezifischer Nutzungsmöglichkeiten anbietet: als Holzskelettbau nach traditionellen Fachwerkhaus-Schema, das heutzutage jedoch orthogonal strukturiert wird, als Holzrahmenbau aus Vollholzrahmen, die mit Holzwerkstoffen beplankt werden, als Holzmassivbau aus Brettstapelelementen oder Brettsperrholz. Innen wie außen lassen sich dann Flächen vorsetzen, die den jeweilig gewünschten Charakter erzeugen. Holz findet auch Anwendung im Mischbau, kombiniert mit Stein, Ziegel und Beton (Abb. 18) bzw. mineralischen Baustoffen oder Metall. Es ist sehr gut dämmend und entspricht somit den Anforderungen der Wärmeschutzvorgaben, außerdem besitzt es klimatische und haptische, aber auch optische Qualitäten. Holz erzeugt im Innenausbau also eine angenehme Wohnatmosphäre dadurch, dass es auf Feuchte reagiert, Schall absorbiert, angenehm riecht, als natürlicher Baustoff eine reizvolle Berührungsgüte besitzt und über eine warmtonige, weiche Optik verfügt. Für den Einsatz von Holz, aber auch von Lehm und Natursteinen gilt selbstverständlich ebenso, dass das Haus diese Baustoffe zum Thema seines Wesens macht, sie folglich zeigt und auch ästhetisch hervorheben kann. Möglich ist es aber auch, sie lediglich als Baumaterial zu verstehen, optisch in den Hintergrund zu nehmen und statt dessen mit Verkleidungen, Putz und Anstrichen eine neutrale oder technisch-modern wirkende Gestaltung zu entwerfen.

→ **Wer sich bei der Konzeption und der Entwurfsplanung bewusst auf die Grundmaterialien seines Haues einlässt, kann aus deren spezifischen Eigenschaften viele klimatische, atmosphärische und auch ästhetische Qualitäten gewinnen.**

Abb. 18: Architectoo, Wohnhaus Klumpp, Wohnküche, Weisenbach/
Nordschwarzwald (D), 2009

FRAGEN AN DIE ARCHITEKTEN

1 Frau Ahad, welche Vorteile bringt der Verzicht auf einen Keller?

Dipl.-Ing. Katja Ahad
AHAD Architekten
Braunschweig (D)

»Ein wundervoller Keller, der geeignet ist, Kartoffeln und Wein zu lagern und schrumpelige Äpfel zu überwintern, lässt sich nicht mehr herstellen, denn auch die Räume im Untergeschoss sind Teil des beheizten Raumvolumens. Es gibt auch gute Gründe, Räume für Hobbys, Wäsche oder Vorrat oberirdisch unterzubringen: Einerseits hat man barrierefreie, kurze Verbindungen und andererseits Tageslicht und Ausblicke.«

2 Herr Haller, welche Chancen bieten regionale Bautraditionen?

»Wir Planer können der regionalen Bautradition mit neuen Ideen und Weiterentwicklungen neues Leben einhauchen. Beim Einsatz von hiesigen Baustoffen setzen wir auf die Erfahrung unserer Handwerker und können daher sehr mutig und innovativ gestalten.«

Jürgen Haller
Planungsbüro Jürgen Haller
Mellau (A)

3 Herr Finckh, gibt es eine »kühle« Ästhetik?

Dipl.-Ing. Thomas Sixt Finckh
Finckh Architekten
Stuttgart (D)

»Obwohl das Wort »Kühle« etwas Unangenehmes in mir weckt, möchte ich die Frage dennoch bejahen. Ich sehe darin eine präzise, klare, ehrliche Architektur, auf das Wesentliche konzentriert, ohne modische Trends, vergleichbar mit unserm haus F. Neutrale Räume, welche durch ihre Betreiber individuell gestaltet, bespielt und belebt werden.
Die »kühle« Ästhetik bekommt individuelle »Wärme«.
Einzigartige Wohnräume mit hoher Lebensqualität entstehen.«

4 Frau Moser/Herr Hager, wie flexibel sollten Grundrisse sein?

»Flexibilität allein macht noch keine gute Raumlösung. Kluge Grundrisse lassen Gleichzeitigkeiten und respektvolles Nebeneinander zu. Der Fokus auf räumliche Qualitäten ist entscheidender als auf Lösungen, die alles versprechen, aber nur Kompromisse bleiben.«

Arch. Anna Moser/DI Michael Hager
MUH Moser und Hager Architekten
Linz (A)/Mellau (A)

5 Herr Troy, bedeutet »Passivhaus« den Verzicht auf frische Luft?

mag. arch. Juri Troy
juri troy architects
Wien (A)/Bregenz (A)

»Dieses Vorurteil hält sich leider noch immer hartnäckig aus den Anfängen dieser Idee – ist aber tatsächlich bereits seit langem überholt. Heutzutage arbeiten wir an Gebäuden, die eine ganzheitliche Architekturbetrachtung in den Vordergrund stellen. Da geht es nicht mehr nur darum, um jeden Preis einen energetischen Kennwert zu erreichen, sondern vielmehr um die Verwendung von ökologischen Materialien, baubiologisch einwandfreies Innenraumklima, tageslichtoptimiertes Bauen und Ressourcen schonende Energiebilanz gleichermaßen. Nur wenn alle diese Faktoren berücksichtigt werden, entsteht ein wirklich überzeugendes und auf die Bedürfnisse der Bewohner abgestimmtes Projekt.«

6 Herr Hansen/Herr Nolting, muss man Bauherren das »Wohnen« beibringen?

Dipl.-Ing. Arne Hansen/Dipl.-Ing. Nils Nolting
Cityförster architecture+urbanism
Hannover (D)

»Nein. Im ersten Schritt des Entwurfsprozesses ist es sogar genau anders herum: Wir als Architekten sind aufgefordert, die individuellen Wohnbedürfnisse des Bauherrn unvoreingenommen zu verstehen – und diese dann in eine spezifische Architektur zu übersetzen. Die Frage ist also: Wie willst du wohnen? Unsere Arbeit besteht dann darin, über den Horizont des Bekannten hinaus, eine spezifische Lösung zu entwickeln, mit der sich der Bauherr identifiziert.«

7 Herr und Frau Seifermann, was verstehen Sie unter einem »richtigen Dach«?

»Ein richtiges Dach gehört über den Kopf, damit dieser darunter quergelüftet werden kann.«

Dipl.-Ing. Markus Seifermann/
Dipl.-Ing. Daniela Seifermann
ÜberRaum Architekten
London (GB)

8 Herr Roth/Frau Schwickerath, besteht eine Beziehung zwischen dem Bautyp »Einfamilienhaus« und dem Begriff »Kreativität«?

Dipl.-Ing. Rainer Roth/Dipl.-Ing. Christine Schwickerath
Rainer Roth Architekt
Meckel (D)

»Die erste Phase der Kreativität ist die Wahrnehmung, die zweite die unvoreingenommene Auseinandersetzung mit den Themen: Wie wollen wir wohnen? Worauf müssen wir in Zukunft achten? Wir stellen uns ernsthaft diesen Fragen und entwickeln Häuser, die mit einem Sinn Beziehungen zum Menschen und der Umgebung aufnehmen.«

9 Herr Möhring, welche Bedeutung besitzt die Grundstückswahl beim Eigenheimbau?

Dipl.-Ing. Norbert Möhring
Möhring Architekten
Berlin (D)

»Die Entscheidung der Grundstückswahl ist für die Konzeption des Hauses sehr grundsätzlich und beeinflusst bei unseren Projekten die Lösungssuche sehr weitreichend. In dem Zusammenhang stellen sich oft ähnliche zentrale Fragen wie zum Beispiel – wie ist der Zuschnitt des Grundstücks, gibt es eine Topografie im Gelände, wie ist die günstigste Erschließung, wie ist die Ausrichtung des Gebäudes und der Räume, welche Maßstäblichkeit ist in der Umgebung richtig, wo sind die nicht einsehbaren besonnten Freibereiche und welche Beziehung besteht zu den Innenräumen, wie offen kann das Haus sein –, alle diese Fragen hängen mit der Grundstückswahl zusammen und bedürfen einer sinnfälligen Antwort.«

10 Herr Courage, was spricht für ein Haus aus Metall?

»Ästhetische Sturheit, Vorliebe für industrielle Architektur. Offene Strukturen, beste Einteilbarkeit, ohne Tragwände. Konstruktive Filigranität im Stahl zugunsten von großen Glasflächen. Thermische Entkopplungen für optimale energetische Werte. Hohe Dämmung, wenig Masse und viel Tageslicht liefern neue verbesserte energetische Verhältnisse und vereinfachte Haustechnik. Hoher Komfort, gute Akustik (perforierte und profilierte gedämmte Verblechung). Viel Tageslicht, gute Feuchtigkeitswerte und CO_2-Werte, anti-allergene Wohnqualität. Und vor allem tolle Architektur und Spaß am Leben.«

Ir. Lars Courage
COURAGE architecten
Apeldoorn (NL)

BEISPIELHAFTE EINFAMILIENHÄUSER

1 ARCHITEKTEN SPIEKERMANN

Haus KOCH

Architekten Spiekermann | Haus KOCH Standort **Telgte (D)** Bauzeitraum **Mai 2010 – Februar 2011**
Bauweise **massiv, Kalksandsteinmauerwerk** Grundstücksgröße **420 m²** Wohnfläche **180,4 m²** Zusätzliche Nutzfläche **35 m² (Carport)**
Anzahl der Bewohner **4** Reine Baukosten* **208.000 €** Baukosten pro m² Wohn-/Nutzfläche **1.150 €** Gesamtbaukosten** **264.000 €**

* reine Bauwerkkosten für Rohbau und Technische Anlagen (gem. der deutschen Kostengruppen 300 + 400 nach DIN 276) ** inkl. MwSt. und Architektenhonorar, ohne Grundstück

IN AUFRECHTER HALTUNG

Lageplan

Vielleicht gibt es das tatsächlich doch: ein Bild vom Haus. Würde man das traditionelle Klischee vom Satteldachhäuschen mit Schlagläden einer formalen Modernisierung unterziehen, dann käme wohl so etwas heraus wie jenes Bauwerk im westfälischen Telgte, das sich mit seinem selbstbewussten Giebeldreieck, den klaren geschrägten Dachflächen und seinen pragmatisch positionierten Fensteröffnungen aus der nachbarschaftlichen Bebauung des Wohnviertels wohltuend heraushebt. Warum wohltuend? Weil es sich einerseits unzweifelhaft zu der so vertrauten Silhouette bekennt und andererseits mit ruhiger Formensprache und modernen Materialien unmissverständlich in der Gegenwart steht. Ein typisches Satteldachhaus also? Keineswegs – auch wenn der erste Blick es vielleicht suggeriert: Einfach ist das Haus nicht »gestrickt«. Wer die Grundrisspläne genau studiert, entdeckt eine Raffinesse des Entwurfs – das Dachvolumen mit seinen zwei Stockwerken sitzt nicht auf den Erdgeschosswänden auf. Diese Verschiebung schuldet sich dem sehr praktikablen Konzept des Überkragens. Damit erreichten die Architekten Spiekermann Dreierlei: Verschattung für die großen Fensterflächen – das ersparte die visuell störenden Jalousien –, Regenschutz für einen schmalen Außenbereich und jene charakteristische Differenzierung der Volumetrie in Basis und Dachkörper. Die Verteilung der Funktionen im Haus ist konventionell und sinnvoll: im Erdgeschoss die hochfrequentierten Zonen für Wohnen mit bodentiefen Fenstern für den gewünschten Kontakt mit dem Garten, Kochen und Essen, drei Schlafzimmer darüber und im Spitzboden ein ruhig gelegenes Bürozimmer, in dem bei Bedarf auch die Gäste der Familie eine angenehme Unterkunft finden können. So klug, wie die Verteilung von offenen Wohn- und Erschließungszonen sowie den abgegrenzten Rückzugs- und Dienstflächen organisiert wurde, bedient sich die Architektur auch der baulich-konstruktiven Möglichkeiten. Die Wände aus Kalksandsteinmauerwerk dämpfen die Schallentwicklungen des Familienlebens im Inneren und wirken als effektiver Wärmespeicher, das immerhin mit einem Kostenaufwand von 24.000 € installierte, 12 cm starke Wärmedämmverbundsystem, welches auf den 14 cm dicken Wänden sitzt, reduziert in Kombination mit einer Dreifachverglasung den jährlichen Primärenergiebedarf auf 82 kWh/(m²a).* Auch dank der Integration verschiedener Abstell- und Technikräume und des damit möglichen Verzichts auf den Keller konnten die Bauherren ihren finanziellen Aufwand für ein dennoch erstaunlich großzügig

▲ **Zur Straße hin erzeugt ein niedriger Flachdach-Vorbau die gewünschte Distanz. Hinter den kleinen Fenstern befinden sich Gäste-WC und Abstellraum.**

wirkendes Haus mit KfW 85-Standard** letztendlich überraschend niedrig halten.

* Der Energiebedarf eines Gebäudes wird gemessen in kWh/m² = Kilowattstunden pro Quadratmeter und Jahr. Primärenergie stammt aus Rohöl, Erdgas, Steinkohle oder Wasserkraft.

** Die KfW-Bank (ursprgl. Kreditanstalt für Wiederaufbau) fördert energieoptimierte Bauvorhaben. Ihre »Standards« kennzeichnen, wie viel Prozent das Gebäude im Vergleich zu einem Normalhaus verbraucht.

▲▲
Zum Garten hin präsentiert sich das Haus mit einem selbstbewussten Giebel, der über dem Erdgeschoss zu schweben scheint.

▲
Wenn es draußen dunkel wird, demonstriert sich hinter der Verglasung ein wohnlicher Raumfluss: der Essplatz rechts, die Küche in der Mitte und links der Wohnbereich.

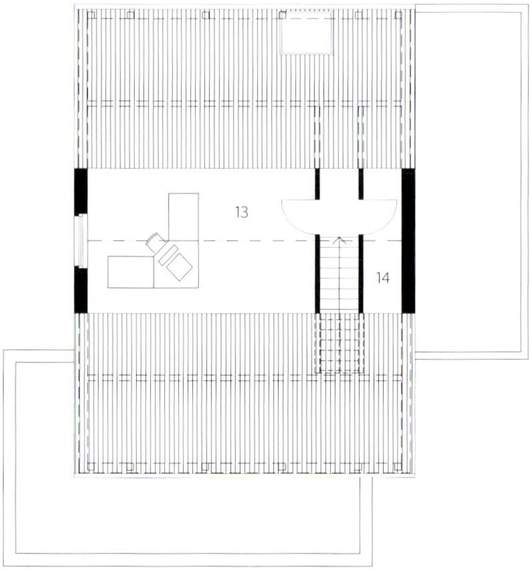

Spitzboden M 1:200

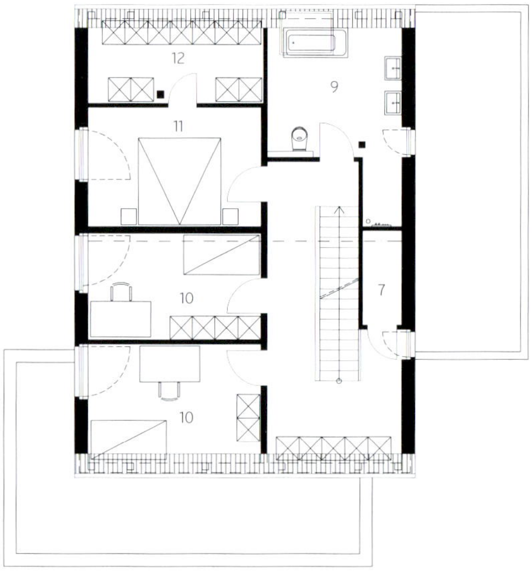

Obergeschoss M 1:200

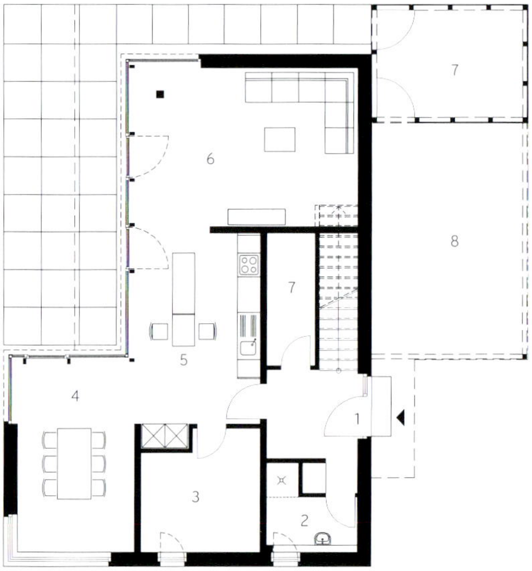

Erdgeschoss M 1:200

1 Zugang
2 WC
3 Hauswirtschaftsraum
4 Essen
5 Kochen
6 Wohnen
7 Abstellraum
8 Carport
9 Bad
10 Kind
11 Eltern
12 Ankleide
13 Büro/Gast
14 Technik

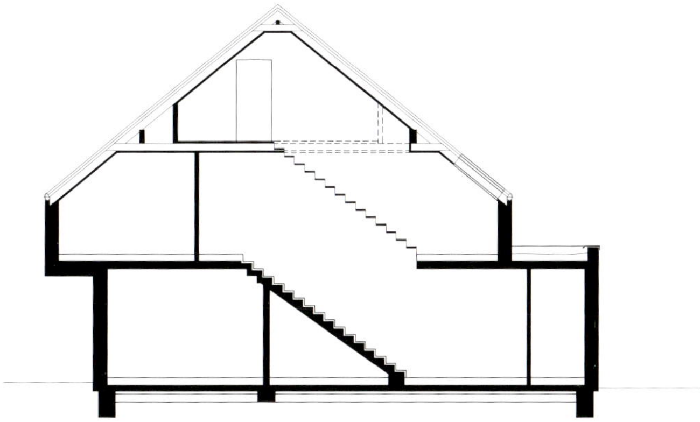

Schnitt M 1:200

▶
Die Treppe zum Dachgeschoss wurde betont leicht konstruiert, um den Raumzusammenhang nicht zu unterbrechen.

▶▶
Die Position der Küche ist unkonventionell. Sie fungiert als Durchgangszone zwischen Eingang und Wohnbereich.

▼
Das Interieur wird bestimmt von weißem Putz, dunklem Bodenbelag und schwarzen Fensterrahmen. Bodentiefe Glastüren erlauben auch in geschlossenem Zustand einen entspannenden Sichtbezug zum Garten.

2 SCHAUER + VOLHARD ARCHITEKTEN

Haus J.

Schauer + Volhard Architekten | Haus J.

Standort **Darmstadt (D)** Bauzeitraum **April – Oktober 2012** Bauweise **Holz-Lehmbauweise**
Grundstücksgröße **2.015 m²** Wohnfläche **130 m²** Anzahl der Bewohner **2** Reine Baukosten **233.500 €** Baukosten pro m² Wohn-/Nutzfläche **1.790/2.013 €**
Gesamtbaukosten **345.600 €**

Lageplan

▲ Die Front des Hauses signalisiert bereits durch die Asymmetrie der Fensterverteilung die individuelle Planung. Selten, aber umso wertvoller, ist die kleine Bank neben dem Eingang.

REIZ DES NACHHALTIGEN

Die Fotografien vermitteln es schon: Wir haben es mit einem harmonischen Stück Architektur zu tun. Man sieht ein Haus wie aus einem Kinderbuch, in dem es um die heile, versöhnte Welt geht, gelegen in einem baumbestanden Gartengrundstück, gar nicht weit von der Innenstadt, ohne distanzierenden Sockel auf den Boden gestellt, sodass man wie selbstverständlich eintritt oder in den Garten hinaus gelangt – hier wurde differenziert zwischen Kies und einer Holzplanken-Terrasse. Ein Haus, das mit seinem in warmem Oxidrot gestrichenen Baukörper und dem flachen, weit überkragenden Dach zum Näherkommen einlädt, das ungewohnt einfach und unmittelbar alles Bauliche zu erklären scheint. Und ein Haus, dessen Regenrinnen ebenso wie die Dachkonstruktion mit den unterschiedlich großen Fenstern und ihren bewusst divergierenden Brüstungshöhen auf seine exakt durchgeplante innere Nutzung hinweisen und dabei sogar noch ein wenig spielen: Mit dem berühmten Tempelmotiv, das man in den vier wunderbaren, glatt geschliffenen Rundholzstützen auf der nach Südwesten gewandten Gartenseite erkennen kann. Drei von ihnen tragen einen Balkon, dem auch als Hauptschlafzimmer nutzbaren großen Bibliotheksraum zugehörig. Im Erdgeschoss sammeln sich Küche und Wohnen, ein den Keller ersetzender Abstellraum, ein barrierefreies Gästebad sowie das Gäste- beziehungsweise Arbeitszimmer mit Schiebetür. Über dem Esstisch entwickelt sich der Raum unerwartet großzügig und hell bis in das Obergeschoss hinauf, wo sich deshalb eine kleine Galerie einrichten ließ. Daneben befindet sich ein aus Gussschamotte gefertigter Grundofen, dessen Holzfeuerung die Raumheizung übernimmt, kombiniert mit einer thermischen Solaranlage und einer Brennwertanlage für die Fußbodenheizung. Im Sommer kühlt die Speichermasse der massiven Holzdecke und der mit Lehmsteinen gefüllten Innenwände. Das Hauskonzept folgt einer explizit ökonomischen und ökologischen Konzeption. Es steht auf einer kostensparenden fundamentlosen Bodenplatte, betoniert auf einer lastverteilenden Dämmschüttung aus recyceltem Altglas. Vorgefertigte Rahmenwände und Massivholz-Deckenelemente bilden den Hauskasten, der so in wenigen Tagen aufgerichtet werden konnte. Die lediglich 29 cm dicken Außenwände verfügen über eine 12 cm dicke Außenschale aus Strohlehm auf einem Lattenrost. Auf dieser die Sonnenwärme aufnehmenden Schicht liegt Kalkputz. Innen beplankte man die Holzstruktur mit Gipsfaserplatten, Zellulosedämmstoff wurde in die Zwischenräume der Wandpfosten, respektive Dachsparren eingeblasen. Dank des brand- und feuchtesicheren, kapillar leitfähigen Wandaufbaus konnte auf Folien und Dichtungen verzichtet werden.

▼
An der Südseite liegt ein fast mediterran anmutender Vorplatz, direkt zugänglich von der Küche aus.

▼▼
Nach Südwesten kragt das Dach aus, auf hohe Säulen gestützt. Hinter dem niedrigen Bandfenster liegt die Arbeitsebene der Küche. Das Holz für den Ofen ist griffbereit.

▶
Der mittlere Wohnbereich erhielt ein zusätzliches Fenster auf Höhe der Galerie, das den Luftraum mit der erwünschten Helligkeit versorgt.

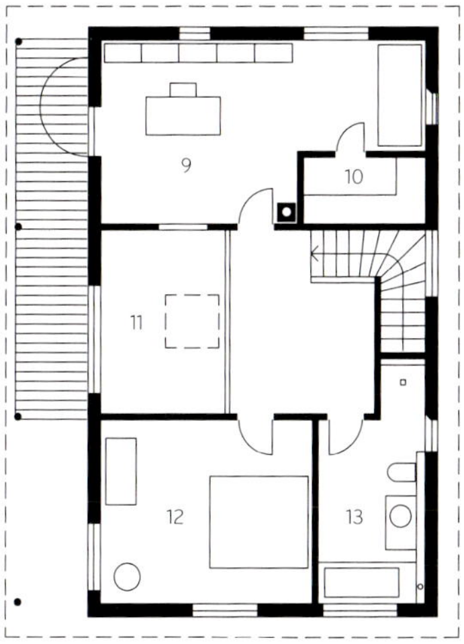

Obergeschoss M 1:200

1 Zugang
2 WC
3 Technik/Hauswirtschaftsraum
4 Kochen
5 Terrasse
6 Essen
7 Wohnen
8 Gäste/Bibliothek
9 Arbeiten
10 Schrankraum
11 Luftraum
12 Schlafen
13 Bad

▼
Jedes Haus sollte über mindestens ein großzügig befenstertes Bad verfügen. Hier sorgt der Spiegel sogar für ein weiteres, drittes »Fenster«.

▼▼
Das direkt an die Arbeitsfläche der Küche gesetzte Bandfenster führt Licht exakt dorthin, wo es benötigt wird. Darüber bleibt Platz für Hängeschrank und Regale.

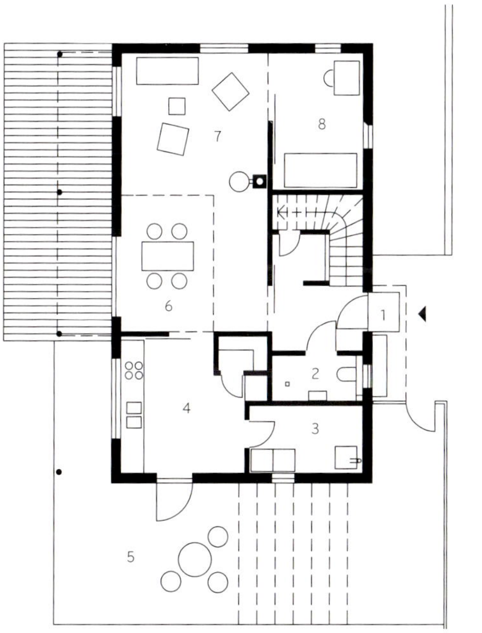

Erdgeschoss M 1:200

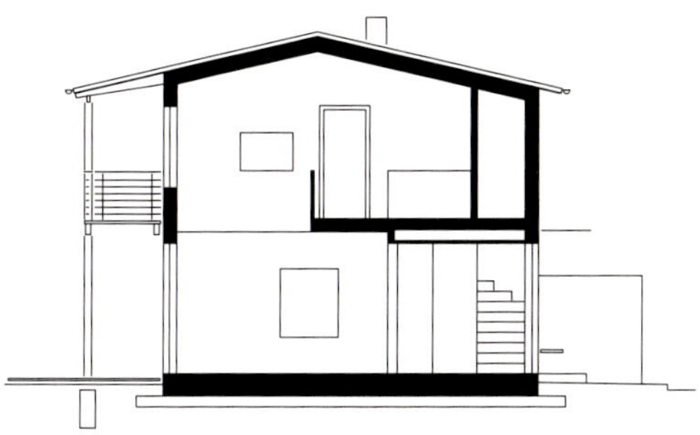

Schnitt M 1:200

3 BAURMANN.DÜRR ARCHITEKTEN

Wohnhaus am Kieselberg

baurmann.dürr architekten | Wohnhaus am Kieselberg Standort **Landau-Göcklingen/Pfalz (D)** Bauzeitraum **2010 – 2011**
Bauweise **Massivbauweise** Grundstücksgröße **480 m²** Wohnfläche **180 m²** Zusätzliche Nutzfläche **24 m²** Anzahl der Bewohner **3** Reine Baukosten **258.000 €**
Baukosten pro m² Wohn-/Nutzfläche **1.265 €** Gesamtbaukosten **400.000 €**

Lageplan

▲ Die horizontale Lattung der Garage, vor allem aber der nach links hin breiter werdende Wandüberstand weisen von zwei Seiten auf den leicht eingezogenen Hauseingang hin.

KULTIVIERTE VERNUNFT

Man könnte dieses Haus durchaus als beispielhaft bezeichnen, als optimales Betrachtungsobjekt für ein solches Buch. Freistehend an einem sanft abfallenden Hang, deshalb auch dicht an einer Wohnstraße postiert. Seitlich angesetzt der Garagenkasten, dreistöckig mit vorgeschriebenem traufständigem Satteldach. Es lohnt also ein genauer Blick. Planungsleitend war die Aufgabe, einen Dreipersonenhaushalt auf ökonomisch minimierter Fläche anspruchsvoll unterzubringen. Die Logik des Entwurfs bildet dies ab: Eine räumlich gut bemessene, holzlattenverkleidete Box wurde für Auto und Räder sowie den Abfall exakt auf die Nordostecke des Grundstücks dem zur Straße hin zweistöckigen Haus vorgesetzt. Dieses zeigt eine denkbar einfache Großform, die ihre ästhetische Präzision durch das überstandsfreie Konturdach mit innenliegenden Regenrinnen und verdeckt laufenden Fallrohren erhielt – den Ortgang deckt Zinkblech. Baulicherseits handelt es sich um ein einschaliges Ziegelmauerwerk mit aufgesetztem Holzdachstuhl samt Zwischensparrendämmung und Lattung. Unterstützt wird die kultivierte Einfachheit des Auftritts von der fensterlosen Straßenfassade, in die sich das Portalsegment mit einer charakteristischen, scharf herausgearbeiteten seitlichen Wandfase leicht einzieht. Die dezent in die Dachschräge gesetzten Dachflächenfenster belichten hier den Flur des Obergeschosses zwischen Kinder- und Elternschlafzimmer und auf der Talseite das Bad. Auf dieser Hangseite erhielten die Räume wegen des Kniestocks niedrig gesetzte Schmalfenster, die im Falle des Bads demjenigen, der ein Wannenbad genießt, zum Panoramablick in die Landschaft verhelfen. Insgesamt tragen die unterschiedlich bemessenen Fensterformate, die sich im Wohnbereich zu einer fast fassadenbreiten Glaswand entwickeln, zum attraktiven Flächenspiel der Hausfassaden bei. Wie von der Familie gewünscht, reagieren im Innern die Funktionen und ihre Räume auf die individuellen Vorlieben: eine große, helle Wohnküche mit Balkon, ein ruhiges Arbeitszimmer nach Westen, eine gemütliche Rückzugsecke neben dem zentral platzierten Kaminofen, der die primäre Heizenergiequelle Geothermie unterstützt, und im Untergeschoss eine hausbreite Fläche für Spiel und Medien. Die Geschossteilung übernehmen Stahlbetondecken mit schwimmendem Heizestrich, geachtet wurde auf eine für einen lebendigen Familienhaushalt wichtige angemessene Schalldämmung im Innenraum. Für die Böden wählte man Oberflächen aus Jurakalkstein und Eichenparkett. Die materiale Hochwertigkeit des Innenausbaus, der Carport sowie die Außenanlage erhöhten folglich auch die Gesamtkosten, was aber der gediegenen Außendarstellung des Hauses entspricht.

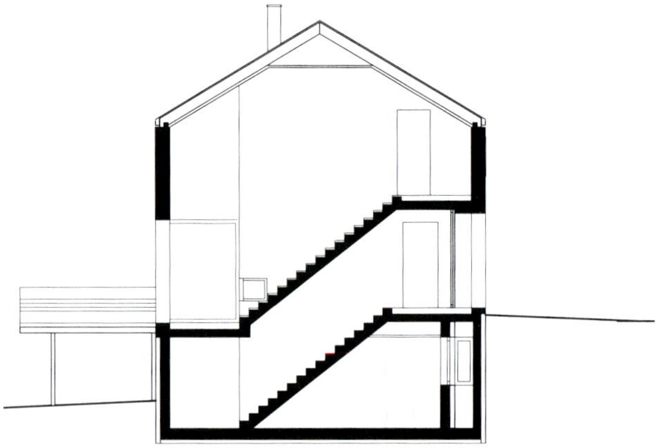

Schnitt M 1:200

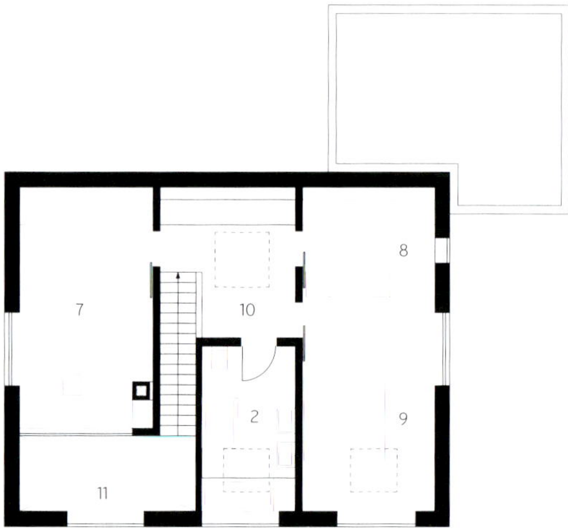

Obergeschoss M 1:200

▼
Den Auftritt des Wohnhauses prägt ein gestalterischer Minimalismus. Dennoch erhält jedes Element seine eigene Materialität.

▼▼
Von der Hangseite aus betrachtet, offenbart es jedoch eine Vielfalt an Fensterformen.

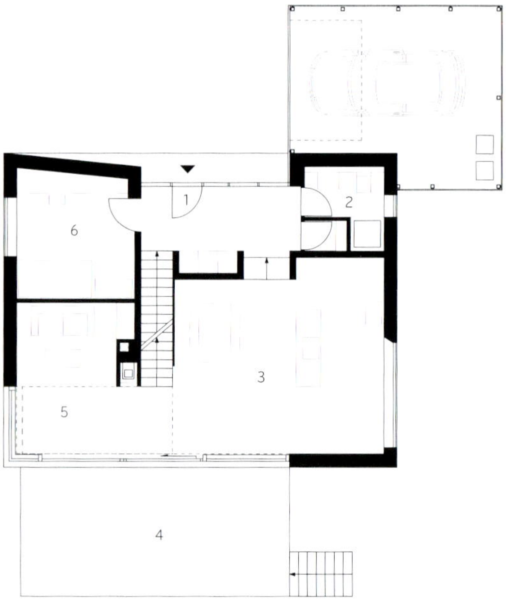

Erdgeschoss M 1:200

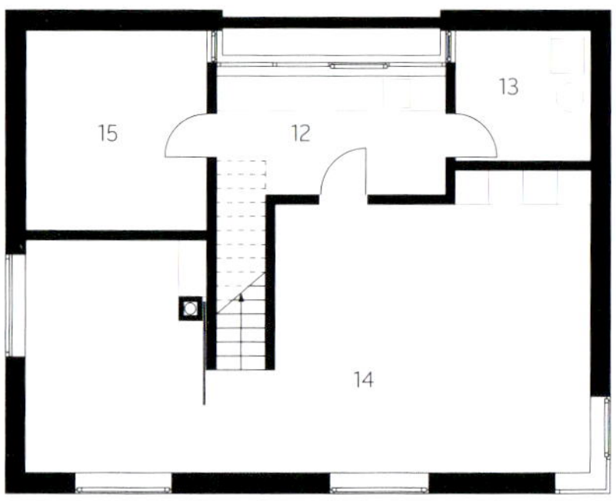

1 Zugang
2 Bad
3 Kochen/Essen
4 Balkon
5 Wohnen
6 Arbeiten
7 Kind
8 Ankleide
9 Eltern
10 Oberer Flur
11 Luftraum
12 Hauswirtschaft
13 Technik
14 Spielen/Medien
15 Abstellraum

Untergeschoss M 1:200

▼
Die individuelle Ausstattung eines Hauses, aufwändige Details und Oberflächen bestimmen nicht nur den Charakter, sondern führen natürlich auch zu höheren Gesamtkosten – hier sieht man, dass es sich unbedingt lohnt.

▼▼
Der Kaminblock ist vom Wohn- und Essbereich wahrnehmbar. Die Treppe wird zum aktiven Gestaltungselement.

▼
Den Eingangsflur kennzeichnen viele Türen. Ein hochwertiger Steinboden sowie eine puristische Detaillierung verleihen ihm eine gewisse Noblesse.

▼
Trotz eines Dachflächenfensters erhielt das Bad ein weiteres Bandfenster, das während eines Wannenbads einen Ausblick ermöglicht.

4 CITYFÖRSTER – ARCHITECTURE + URBANISM

Rubberhouse

Cityförster – architecture + urbanism | RUBBERHOUSE Standort **De Eenvoud, Almere (NL)** Bauzeitraum **März – Juli 2011**
Bauweise **Elementmassivholzbauweise** Grundstücksgröße **ca. 390 m²** Wohnfläche **ca. 125 m² + 40 m² Terrasse** Anzahl der Bewohner **2**
Reine Baukosten **ca. 220.000 €** Baukosten pro m² Wohn-/Nutzfläche **1.517 €** Gesamtbaukosten **ca. 301.070 €**

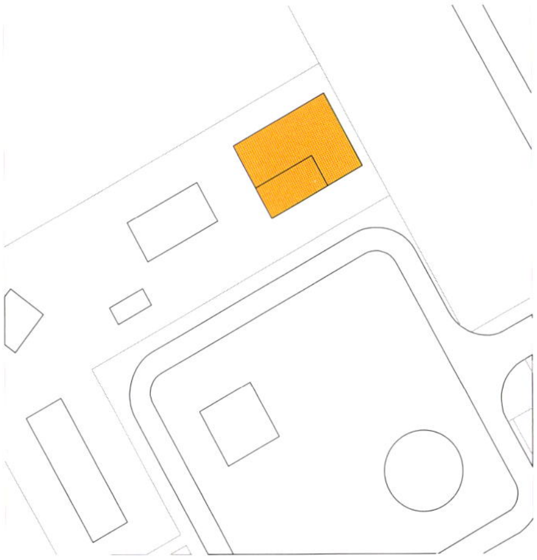

Lageplan

▲ Durch die umlaufende »Schnittkante« der Terrasse wird das Formkonzept des spannenden Entwurfs deutlich: Für den Freiraum wurde eine Ecke des Baukörpers ausgeschnitten. Die Fassade ist in sägerauem Lärchenholz ausgeführt.

UM DIE ECKE GEDACHT

Herausforderungen ermöglichen Innovationen. Wer der gewohnten Linie nicht folgen kann oder will, muss sich aus der optimierten Routine auf neue Wege begeben – eine Kurve nehmen, um die Ecke denken. Die Hannoveraner Architekten Arne Hansen und Nils Nolting aus der international tätigen Entwerferkooperation »Cityförster« ließen sich mit ihrem RUBBERHOUSE auf die Vorgabe ein, für eine experimentelle Neubausiedlung am Rande eines niederländischen Naturschutzgebiets ein progressives Einfamilienhaus zu konzipieren. Sie entschieden sich in der Folge nicht für etwas Futuristisches, sondern orientierten sich an den regionaltypischen Scheunen. Diese Ausgangsbasis wurde einerseits in Gestalt einer betont rauen, »ungeschliffenen« Ästhetik thematisch weitergeführt, andererseits in kreativer Weise auf die Materialität der heutigen Zeit mit ausschließlich »industriellen Baustoffen« angepasst. Ergebnis war ein blockhafter Holzkastenbau, leicht erhöht positioniert auf einem pfahlgegründeten Stahlbetonfundament. Der formal einfach gehaltene Satteldach-Baukörper, der auf eine Bodenplatte aus hochisolierenden Spannbetonhohldielen gesetzt wurde, gewinnt seine einzigartige Spannung durch einen rigorosen Einschnitt, der die Südwestecke freilegt. Diese ist natürlich kein Zufall, denn eben dort bietet nun eine durch große Schiebefenster an den Wohnbereich angeschlossene Holzplankenterrasse einen 40 m² großen »Freiluftwohnraum«. Dieser clever gesetzte chirurgische Einschnitt erhielt eine warmtonige Fassade aus sägerauem Lärchenholz, das sich durch Witterungsbeständigkeit auszeichnet. Ansonsten signalisieren unterschiedlich dimensionierte, zum Teil festverglaste Fensteröffnungen, die sich in der primär tragenden Außenwandkonstruktion verteilen, die zweiteilige Innendisposition: südlich ein großer offener Wohnraum, bis in den First 4,80 m hoch, mit offener Küche und schwenkbarem Holzofen, im nördlichen Bauteil kleine, lediglich 2,30 m hohe Nebenräume für Technik und Arbeiten unten, für Bad und Schlafen oben. Während der im Innern sichtbar belassene Rohbau der Wände und Geschossdecken aus massiven Brettsperrholzelementen gefertigt ist, wird die Fassade durch eine gedämmte Holzsparrenkonstruktion gebildet, darauf eine 19 mm starke Sperrholzplatte sowie die charakteristische schwarze EPDM*-Kautschukfolie – RUBBERHOUSE. Eine mit Fernwärme betriebene Fußbodenheizung wird bei Bedarf durch den Holzofen unterstützt. Kostensparend wirkt das Ausbauhaus-Prinzip. Hilfreich hierbei ist die Platzierung der technischen und sanitären Installationen in wenigen Leichtbauinnenwänden sowie eine partielle Aufwandmontage der Leitungen.

* Ethylen-Propylen-Dien-Monomer ist ein synthetisch hergestellter elastischer Kautschuk.

◀

Ein besonderes Wohngefühl entsteht durch doppelte Raumhöhe. Hier bietet der westliche Teil des Hauses eine 4,80 Meter hohe Wohnhalle mit schräger Decke.

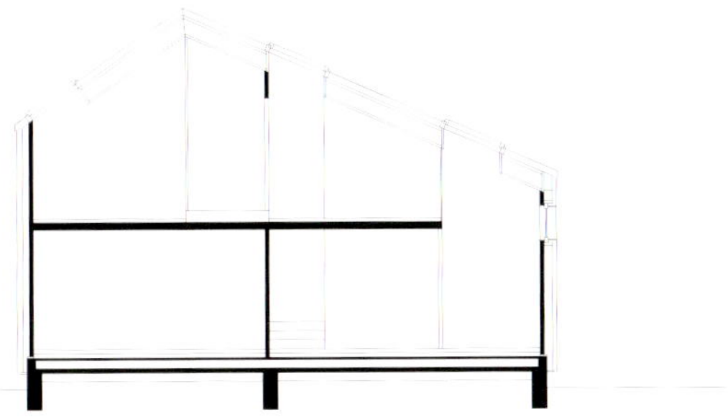

Schnitt M 1:200

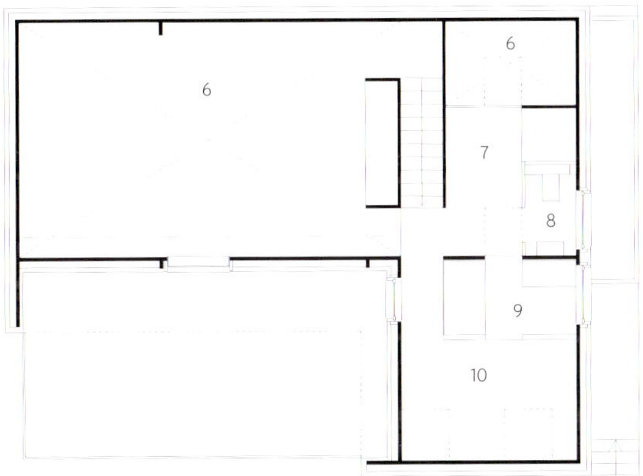

Obergeschoss M 1:200

1 Zugang
2 Arbeiten
3 Terrasse
4 Wohnen/Kochen/Essen
5 Hauswirtschaftsraum
6 Luftraum
7 Ankleide
8 WC
9 Bad
10 Schlafen

▲

Wenn der Dachstock mit einem Drempel angelegt wird, verliert man im Dachgeschoss keine Stellfläche und profitiert dennoch atmosphärisch.

▼

Die große Fensterfläche des Essbereichs wurde aus Kostengründen als Festverglasung geplant. Im Boden ist eine fernwärmegespeiste Fußbodenheizung installiert.

Erdgeschoss M 1:200

▶
Der große Wohnraum vereint alle alltäglichen Funktionen inklusive der Küche. Charakteristisch ist der frei stehende, schwenkbare Holzofen.

Möhring Architekten | Wohnhaus an der Ostsee Standort **Fischland/Darß (D)** Bauzeitraum **Juni 2012 – Juni 2013**
Bauweise **Massivbau mit Holzfassade** Grundstücksgröße **480 m²** Wohnfläche **121 m²** Zusätzliche Nutzfläche **15 m²** Anzahl der Bewohner **4**
Reine Baukosten **247.000 €** Baukosten pro m² Wohn-/Nutzfläche **2.041/1.816 €** Gesamtbaukosten **357.400 €**

MECKLENBURGER ENSEMBLE

Lageplan

Wer möchte nicht ab und zu der anstrengenden Großstadt entfliehen? Dieses Projekt auf der Ostseelandbrücke Fischland-Darß-Zingst kultiviert den entspannten Rückzug in eine Ferienlandschaft an der Küste. Da das Grundstück, welches dem Bauherrn für sein neues Domizil am Saaler Bodden zur Verfügung stand, zwar nur wenige Meter vom Strand entfernt liegt, sich aber zwischen einer vorhandenen Nachbarbebauung befindet, wurde das nicht nur ästhetisch höchst überzeugende Haus schon in der Planung an drei Seiten zugunsten der gesuchten Privatheit des Wohnens bewusst geschlossen konzipiert. Die Südseite mit ihrer Terrasse – durch eine flankierende Hecke sichtgeschützt – kann sich aber zur Rasenfläche des Gartens hin diskret öffnen. Auch der Eingang, der motivisch mittels eines schräg angesetzten, oberflächenunbehandelten Sichtbetonvorbaus hervorgehoben wird, schirmt ab, erhält solcherart aber auch einen wertvollen Wetterschutz vor dem Küstenregen. Seine Zuwegung beginnt an einem kleinen, den fehlenden Kellerraum ausgleichenden Schuppen, der dank seiner identischen Materialität mit seinem »Mutterhaus« eine sympathische architektonische Ensemblewirkung erzeugt. Der in Kalksandsteinmauerwerk und Stahlbeton aufgeführte Satteldachbau mit seinem kaum sichtbaren Zinkblechdach ist in einfachster und damit auch energieeffizienter Kubatur gehalten. Ihn prägen die vertikale Lattenverkleidung in sägerauer Lärche und große Fensterbänder, die auf der Westseite den Ostseeblick erlauben. Sein Grundriss könnte rationaler nicht sein: mittig gegenüber dem Eingang liegt die zweiläufige Treppe, der kurze obere Flur erzeugt eine kleine Galerie über der Haustür. Aus dieser Lage ergeben sich im Obergeschoss zwei Hälften, die von drei, mit spannend gelösten Schrankwänden ausgestatteten Schlafzimmern und dem großzügigen Bad gefüllt werden. Unter diesem befindet sich – versorgungstechnisch sinnvoll platziert – das untere Gästebad. Neben ihm fügt sich die gemütliche Wohnnische ein, kombiniert mit einem Kaminofen, der den fließenden Raum des Wohngeschosses mit seinem geölten Dielenboden in massiver Eiche stilvoll wärmt. Für das gesamte Haus kommen für die Beheizung eine Gasbrennwerttherme mit Wasserspeicher sowie Röhrenradiatoren zum Einsatz. Als Kernbereich des Freizeitalltags erhalten die offene Küche und der Esstisch viel Raum, das meiste Licht und direkten Anschluss an den Garten. Und dieser dehnt sich dank salziger Meerluft und Möwengekreisch gefühlt unendlich aus.

▲▲ Küche und Essbereich werden als hochfrequentierte Zonen des Hauses direkt an die Terrasse angeschlossen und erhalten viel Tageslicht.

▲ Die östliche Eingangsseite erhielt einen kleinen Sichtbetonvorbau. Darüber liegt das Fensterband eines Schlafzimmers und des Bades (rechts).

MÖHRING ARCHITEKTEN 5

Wohnhaus an der Ostsee

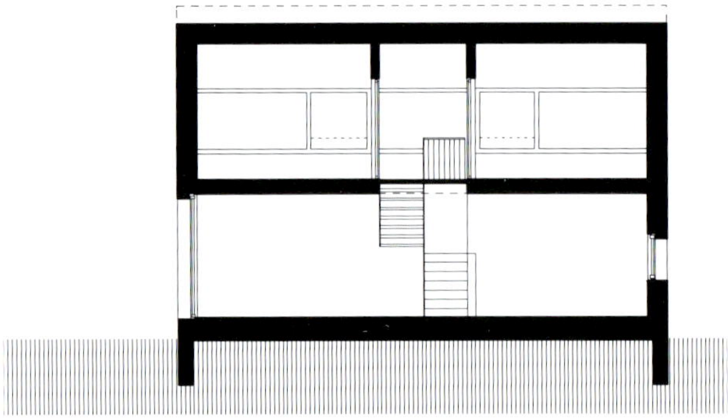

Schnitt M 1:200

1 Zugang
2 Kochen/Essen
3 Wohnen
4 Kind
5 Eltern
6 Bad/WC
7 Luftraum

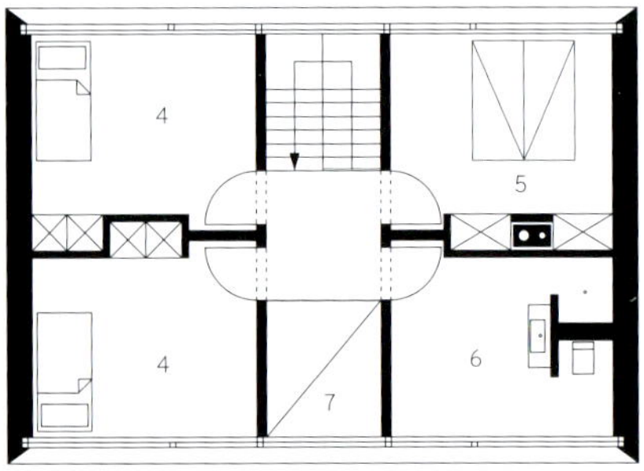

Obergeschoss M 1:200

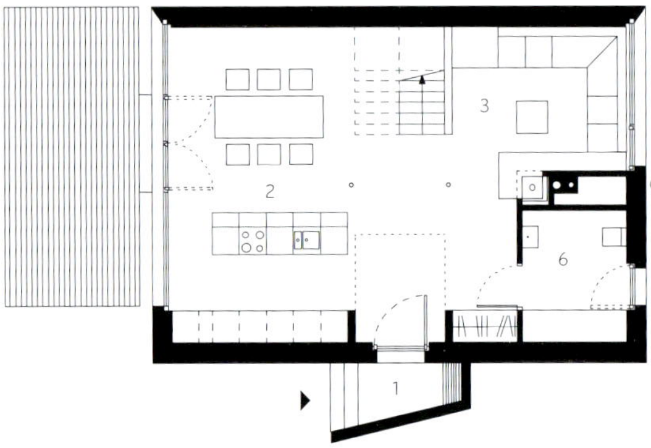

Erdgeschoss M 1:200

▶ Von der Wohnfläche im Erdgeschoss führt eine filigrane Treppe in das Schlafgeschoss nach oben. Im Hintergrund die Sitzecke.

◀ Der Wohnraum erhält reichlich Südlicht. Es dominiert der geölte Dielenboden in massiver Eiche. Oben ist die kleine Galerie zu erkennen.

◀ Das kleine Haus bietet für das Wohlbefinden ein helles und großzügig bemessenes Bad im Obergeschoss.

▶ Die rückwärtige Sitzecke mit ihrem Kamin erhielt ein eigenes, niedrig gesetztes Fenster. Sie dient der abendlichen Gemütlichkeit.

▼ Durch die Kombination mit dem kleinen Schuppen gewinnt das Ferienhaus einen reizvollen Ensemble-Charakter.

6 HICKER ARCHITEKTEN

Haus am See

hicker architekten | Haus am See Standort **Friedberg (D)** Bauzeitraum **2009** Bauweise **Holzbau in Kreuzlagenholz**
Grundstücksgröße **2.342 m²** Wohnfläche **92 m²** Zusätzliche Nutzfläche **17 m²** Anzahl der Bewohner **2** Reine Baukosten **247.000 €**
Baukosten pro m² Wohn-/Nutzfläche **ca. 1.930 €** Gesamtbaukosten **ca. 312.000 €**

ROTES IM GRÜNEN

Manchmal läuft wirklich alles rund. Dieser Auffassung war jedenfalls die Bauherrin, die ursprünglich auf ihrem Seegrundstück im bayerisch-schwäbischen Friedberg eine bescheidene Badehütte benutzte und sich erst langsam an den Gedanken gewöhnen musste, dass sich dort bald ein komplettes Kleinhaus nutzen und genießen ließ. Vom ersten Spatenstich bis zum Einzug dauerte es dann tatsächlich lediglich fünf Monate – und irgendwann stand es, individuell »auf den Leib geschneidert« und unter exakter Bauleitung. Dabei hatte man sich beim Planen keineswegs mit dem einfachsten Weg zufriedengegeben. Entsprechend der naturintegrierten Lage sollte das Konzept möglichst umweltverträglich angelegt sein. Es entstand ein Holzhaus, dessen Wände, Decken und Dach als Dickholzscheiben ausgeführt sind und sich damit unkompliziert montieren ließen. Der angestrebte Passivhausstandard mit einem U-Wert der Außenflächen von 0,14 W/(m·K)* konnte erreicht werden. Die dominant wirkenden Holz-/Alufenster besitzen eine Dreifachverglasung, die Beheizung erfolgt über ein Gasbrennwertgerät, wobei eine dezentrale Raumlüftung die Wärme-Rückgewinnung erlaubt. Einen effektiven Schutz gegen die einstrahlende Sommersonnenwärme bieten außen anliegende, elektrisch betriebene Jalousien. Seinen besonderen Charme erhielt der Entwurf durch die hochwertige Gebäudehülle mit dem vor allem zur Neubauübergabe alles bestimmenden fröhlichen Rotton. Während die umweltfreundlichen HPL-Fassadenplatten** diesen weiter behalten werden, dunkelt die wartungsfreie Kupferbahnendeckung aufgrund natürlicher Patina bald ein. Sie wurde von den Seitenwänden über das schön proportionierte Satteldach gelegt. Vorn und hinten erhielt der Baukörper zwei dunkelgraue Vorsätze: das Eingangsvordach über der rampenartigen Zugangstreppe und den Glaspavillon neben der Seeterrasse. In ihm findet der Esstisch Platz – mit der Küchenzeile vis-à-vis. Und auf ihm lässt sich eine herrliche Dachveranda nutzen. Sie ist erschlossen über die Schlafgalerie im offenen Dachraum, die über dem Wohnbereich sitzt. An kühlen Tagen bietet ein freistehender Holzofen atmosphärische und faktische Wärme. Der Keller ist zweigeteilt für Technik und Hobby sowie einen eventuellen Gast.

* Der U-Wert kennzeichnet als Kennwert eines Bauteils den Wärmedurchgangskoeffizienten, gemessen in W/(m·K) = Watt pro Quadratmeter und Kelvin – je niedriger, je günstiger.

** Vorwiegend aus Papier gefertigte Hochdruckdichtstoffplatten mit einer Melaminharzdeckschicht.

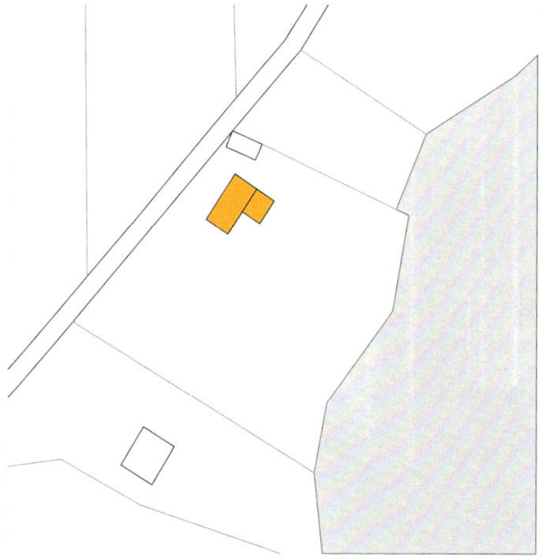

Lageplan

▲▲ Oft erzeugt eine individuelle Lösung zusätzliche Attraktivität: Hier spielt die Zuwegung des Eingangs mit den Motiven von Treppe und Rampe.

▲ Die Fassadenausbildung durch Kupferbahnen erzeugt einen Hauch Noblesse. Das Fenster des Untergeschosses erhielt zur Belichtung einen kleinen, in den Rasen eingetieften Schacht.

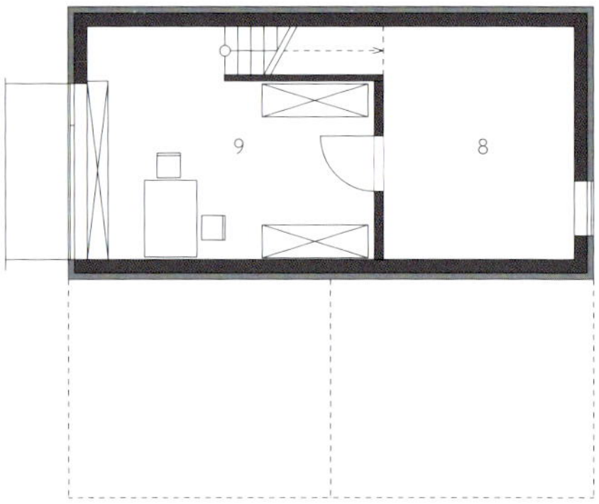

Untergeschoss M 1:200

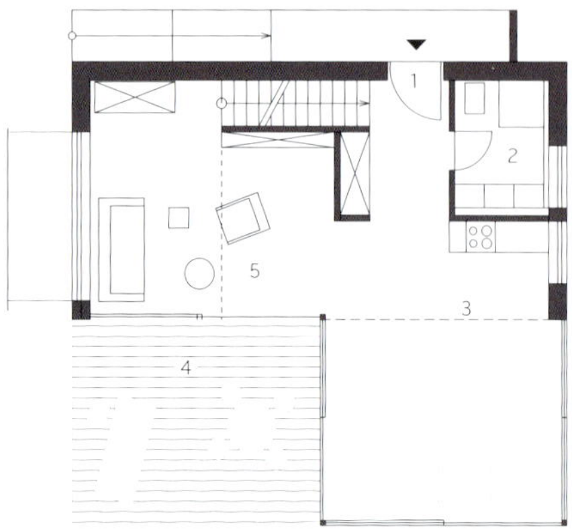

Erdgeschoss M 1:200

1 Zugang
2 Bad
3 Kochen/Essen
4 Terrasse
5 Wohnen
6 Schlafen
7 Dachterrasse
8 Technik
9 Gast/Hobby

◀

Vom Schlafzimmer aus gelangt man direkt auf die vorgesetzte Dachterrasse mit Seeblick.

▼

Durch seine rote Fassade erhält das kleine Sommerhaus eine besondere Note. Verstärkt wird auch das optimistische Giebelhaus-Motiv.

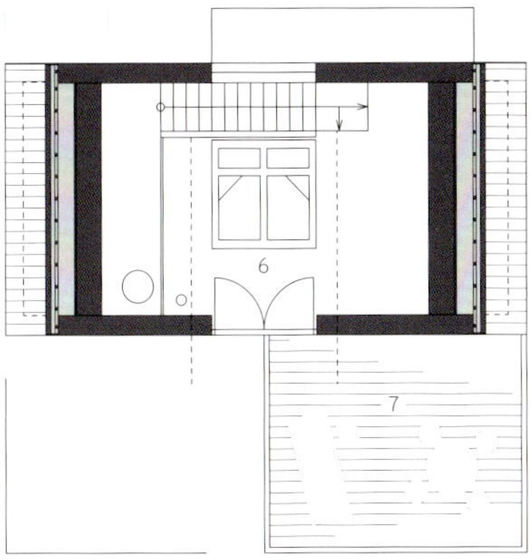

Obergeschoss M 1:200

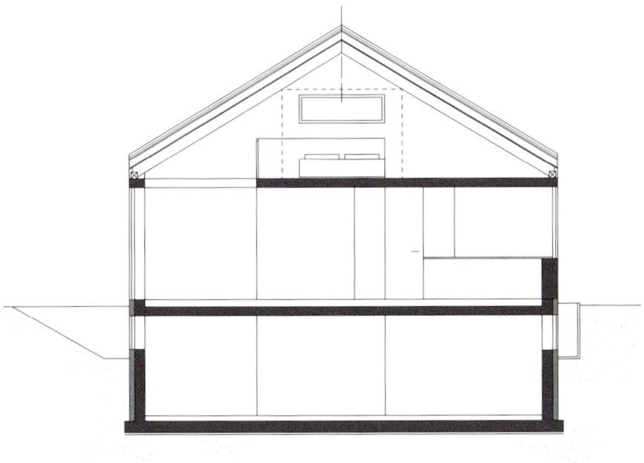

Schnitt M 1:200

▶

Der Schlafbereich wurde auf die Galerie in den offenen Giebel verlegt. Dessen Innenverkleidung besteht aus weiß lasierten Brettsperrholzplatten.

▼

Für ein Wochenendhaus erstaunlich großzügig: Der Raum fließt vom Essplatz zum Wohnbereich – und auf die windgeschützt platzierte Holzterrasse.

7 GUERRILLA OFFICE ARCHITECTS

House EVG

guerrilla office architects | House EVG Standort Gent (B) Bauzeitraum 2012 Bauweise massiv, Beton und Mauerwerk
Grundstücksgröße 83 m² Wohnfläche 140 m² Anzahl der Bewohner 2–3 Reine Baukosten 240.000 € Baukosten pro m² Wohn-/Nutzfläche 1.700 €
Gesamtbaukosten 315.000 €

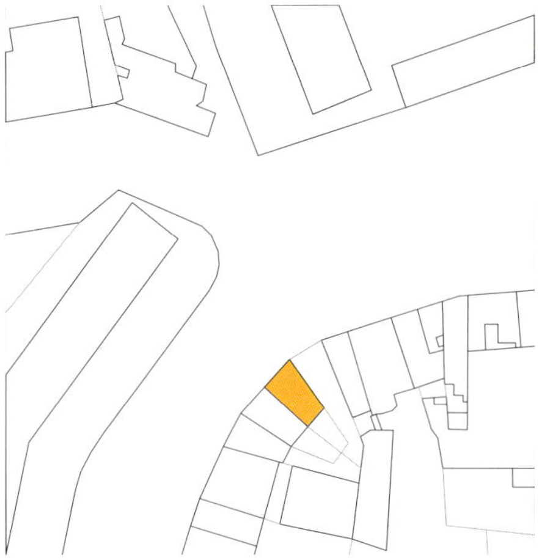
Lageplan

DAS SCHMALE SCHWARZE

Es wäre fahrlässig, bei einer Behandlung des Einfamilienhauses allein Bauplätze in der Wohnsiedlung oder offenen Landschaft zu thematisieren. Vernünftige, zeitbewusste Stadtplanung bemüht sich zunehmend um die Verdichtung suburbaner und innerstädtischer Räume und ist dafür auf Reihen- oder Stadthauskonzepte angewiesen. In den Benelux-Ländern besteht eine seit den 1990er Jahren aktive neue Tradition. Der Vorteil des verdichteten Viertels besteht in der lebendigen Vielseitigkeit des Wohnorts sowie den kurzen Wegen zu Einkauf, Bildung und Arbeit. Grundbedingung ist allerdings die planerische und logistische Konzentration aller Komponenten eines Einfamilienhauses auf eine schmale, kleine, seitlich eingebaute Parzelle. Im Falle des hier gezeigten Stadthauses in der Genter Innenstadt kommt hierzu noch die Vorgabe eines sich zum winzigen, südöstlichen Garten hin verjüngenden Grundrisses. Diese Situation bot auch Anlass für ein subtiles Spiel mit den Niveaus: die Architekten beließen den rückwärtigen Wohnbereich, der gerade genug Raum für eine kleine Sitzgruppe bietet, auf der Terrassenebene, während der straßenzugewandte Teil des Erdgeschosses drei Stufen erhöht sitzt. Hier finden die Eingangsnische, Küche, Esstisch sowie Gäste-WC und der Treppenaufgang Platz. Entlang der kompletten Ostwand zieht sich eine Einbauwand, in der Küchenzeile, Schränke, Kamin und ein Sideboard mit Flachbildschirm integriert wurden. Als Heizung wurde ein Gas-Brennwertkessel mit Ventil-Konvektoren eingesetzt. Clou des Plans ist der mittige Luftraum, der durch eine Teilung des ersten Obergeschosses entsteht und damit unerwartet viel Licht und Luft für den Wohnbereich erzeugt – die bei schmalen und langen Stadthäusern übliche Tiefe des Grundrisses verliert damit ihre Düsternis. Über die Treppe erreicht man nämlich zuerst einen temporär genutzten Gastraum an der Straßenseite, der bei offenen Vorhängen für Licht und Durchsicht sorgt. Mit wenigen Stufen gelangt man weiter zum gartenseitigen Kinderzimmer und nach einer 90°-Wendung über die letzte Treppe nach oben zum Elternschlafzimmer mit dem Bad und einer Dachterrasse. Entgegen dessen innerer Helligkeit zeigt der in Beton und Mauerwerk errichtete Bau bei seinen Fassaden allerdings ein elegantes Schwarz in Gestalt einer leichten, vorgeblendeten Fassadenhaut aus großen schwarzen Eternit-Pictura-Tafeln, kontrastiert durch schmale graue Fensterrahmen.

▲ Das kleine Townhouse ist auf seiner Gartenseite nur wenige Meter breit. Die zentrale Lage in der Stadt erfordert Kompromisse.

1 Zugang
2 Kochen
3 Essen
4 Wohnen
5 Terrasse
6 Kind
7 Luftraum
8 Kabinett/Gast
9 Dachterrasse
10 Eltern
11 Dachterrasse
12 Flur/Hauswirtschaft
13 WC/Bad

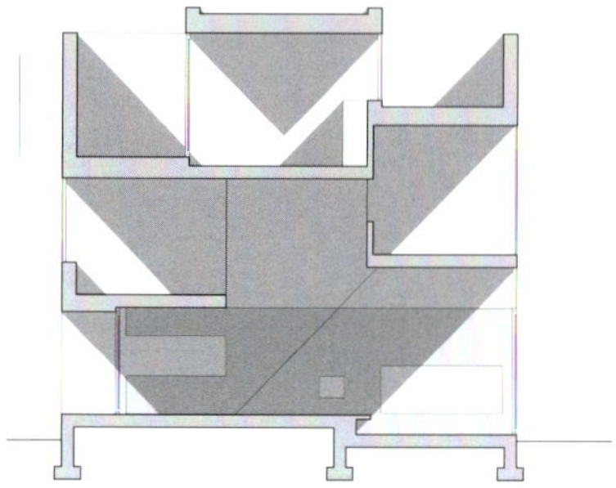

Schnitt M 1:200

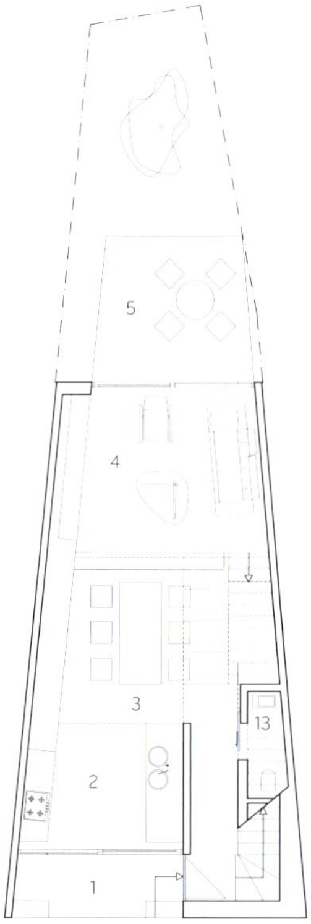

Erdgeschoss M 1:200

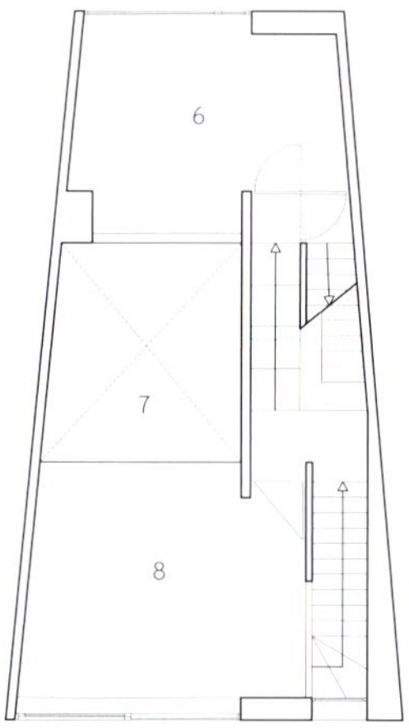

1. Obergeschoss M 1:200

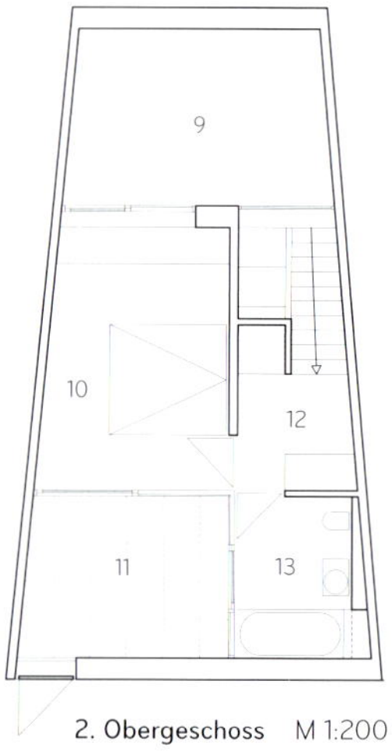

2. Obergeschoss M 1:200

▼
Durch Tieferlegung des Bodenniveaus zur Terrasse hin gewinnt der Wohnraum eine angemessene Höhe. Links in der Wand wurde die Heizanlage installiert.

▶

Von der Terrassentür aus lässt sich das Haus fast komplett überblicken. Trotz der engen innerstädtischen Lage gibt es viel Tageslicht.

▶▶

Vom Kabinett oder Gästezimmer aus blickt man in den Wohnbereich hinunter. Auf der anderen Seite des Luftraums liegt, etwas höher, das Kinderzimmer.

▼

Neben dem Hauseingang (links) befindet sich die Küche. Die freie Sichtbeziehung zur Straße hin spricht für eine offene Lebensweise.

8 ATELIER FISCHER

Haus Sutter Vulai

Atelier Fischer | Haus Sutter Vulai Standort **Hörbranz/Vorarlberg (A)** Bauzeitraum **Oktober 2012 – Mai 2013** Bauweise **Holzrahmenbau**
Grundstücksgröße **319 m²** Wohnfläche **101 m²** Zusätzliche Nutzfläche **14,8 m²** Anzahl der Bewohner **2–3** Reine Baukosten **229.400 €**
Baukosten pro m² Wohn-/Nutzfläche **1.978 €** Gesamtbaukosten **249.000 €**

Lageplan

WOHNEN IM WINKEL

Es sind nur wenige Minuten an das östlichen Bodenseeufer nach Lindau mit seinem malerischen Inselhafen und nur wenige Straßen weiter an den Leiblachbach, der hier, im österreichischen Vorarlberg, die offene Grenze nach Deutschland markiert. Eine milde Region mit einer dank Seelandschaft und Alpenpanorama perfekten Ausstattung. Für den Rest des individuellen Wohlbefindens sorgt der Bauherr dieses Holzdomizils – ein Weinkenner und -händler. Verständlich, dass sein Haus, welches er mit Frau und Kind bewohnt, ein separiertes Weinlager erhielt. Da die reduzierte Bausumme einen Verzicht auf den Keller bedingte, wurde dieses allerdings auf einen Platz in der kühleren Nordostecke des Erdgeschosses positioniert. In diesem nördlichen Flügel des winkelförmigen Gebäudes sind zudem ein Büro für die zu Hause absolvierte Geschäftsverwaltung sowie der Technikraum untergebracht. Zusätzlich sitzt dort auch die Treppe, über die man das obere Stockwerk mit seinen großen Fensterflächen zum Garten hin erreicht. Hier liegt die komfortable Wohnküche als Hauptraum des Familienhaushalts samt ihrem im Sommer unübertrefflichen Essplatz auf dem balkonartigen Freisitz. In die Westecke des Stockwerks wurde eine gemütliche Wohnecke eingepasst, und direkt anschließend findet sich das großflächig verglaste Elternschlafzimmer mit Bad. Kind und Gast sind samt eigenem Badezimmer im Erdgeschoss untergebracht. Das in allen Aspekten ökonomisch durchkomponierte Flachdachhaus wirkt dank seiner warmen Holzoberflächen und der weißen Innenwände auf Anhieb sympathisch. Es wurde in klassischer Holzrahmenbauweise mit einem Konstruktionsvollholz-Ständerwerk und einer aussteifenden Beplankung gefertigt. Überzeugend schließt es seine Fassade nach Norden hin zur Straße bis auf wenige Öffnungen, während sich das Wohnen hauptsächlich in Richtung des kleinen, am Bachufer gelegenen Gartens ausrichtet. Die vernünftige Anordnung des Hauses auf dem Grundstück erlaubt dabei nicht nur ein ungestörtes Privatleben auf Balkon und Terrasse, sondern ermöglicht neben dem seitlichen Carport auch noch einen zweiten Stellplatz im Norden, von dem aus Einkäufe und Weinkisten auf kürzestem Weg im Lagerraum verstaut werden können.

▲▲ Die Straßenseite signalisiert eine gewisse Zurückhaltung. Hinter dem Bandfenster liegt die Wohnküche, hinter dem Fenster rechts oben befindet sich die Sitzecke.

▲ Vom seitlichen Stellplatz aus gelangt man durch eine Glastür zum Weinlager, den kleinen Heizungs- und Technikraum rechts daneben zeigt der Außenwandkamin an.

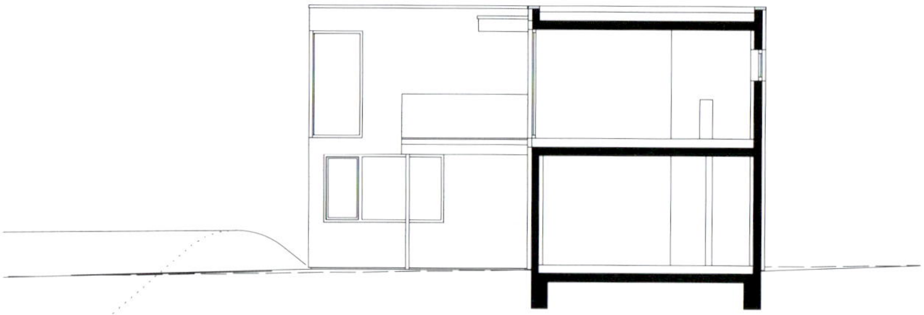

Schnitt   M 1:200

Obergeschoss   M 1:200

▲
Glanzstück des Hauses ist der große, gartenseitige Freisitz vor der Wohnküche. Er ergänzt den Wohnbereich im Obergeschoss durch eine wertvolle Außenfläche.

▼
Vom Eingangsflur aus führt die Treppe in den Wohnbereich im Obergeschoss.

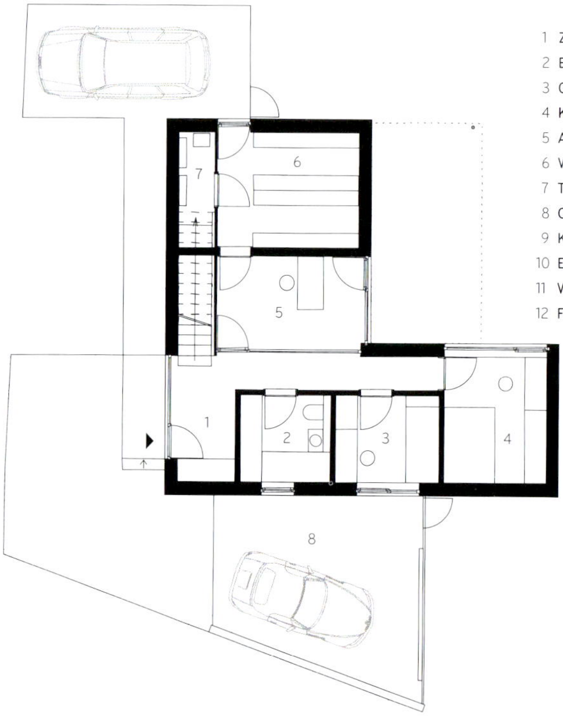

1 Zugang
2 Bad
3 Gast
4 Kind
5 Arbeiten
6 Weinlager
7 Technik
8 Carport
9 Kochen/Essen
10 Eltern
11 Wohnen
12 Freisitz

Erdgeschoss   M 1:200

▼
Rechts führt der Gang zum Hauptschlafzimmer mit Bad, das sich auch im oberen Stockwerk befindet.

▼
Das Schlafzimmer erhielt ein üppig dimensioniertes, festverglastes Eckfenster mit Balkontür. Hier schaut man morgens direkt in den Garten.

▼▼
Die Küchentheke wird zum zentralen Element des Wohnens. Dem inneren Esstisch zugeordnet befindet sich ein zweiter auf dem großen Balkon.

9 STUDIOFM

Maison à Deux

studiofm | Maison à Deux

Standort **Friedrichshafen (D)** Bauzeitraum **2010–2011** Bauweise **Holzständerbauweise**
Grundstücksgröße **180 m²** Wohnfläche **140 m²** Zusätzliche Nutzfläche **70 m²** Anzahl der Bewohner **2** Reine Baukosten **248.000 €**
Baukosten pro m² Wohn-/Nutzfläche **1.858/1.239 €** Gesamtbaukosten **335.000 €**

Lageplan

▲ Die modernistische Architektur tritt ästhetisch selbstbewusst auf und überzeugt durch ihre Praxistauglichkeit.

VERTRAUTE MODERNE

Unweit des Bodenseeufers, in einem Friedrichshafener Wohngebiet mit einer vorwiegend aus den 1940er Jahren stammenden Bebauung, war eine Lücke zu füllen. Das Grundstück mit seiner annähernden Ost-West-Ausrichtung sitzt zwar in einer engen Vorstadthausreihe, gewinnt aber durch einen kleinen Grünraum nach hinten an Luft. Der Entwurf, der sich mit seinem weißen Kastenkörper samt Flachdach und rückwärtiger Terrassierung an große Vorbilder der modernen Avantgarde anlehnt, provoziert die traditionell auftretenden, ziegelbedachten Putzbauten der Nachbarn ein wenig. Diese aber können ob der selbstbewussten Schlichtheit nicht böse sein, denn immerhin handelt es sich um ein veritables Holzhaus. Und dies zeigt es fast etwas pädagogisch auch nach außen, wobei es der grünen Sichtholznachhaltigkeit erfolgreich mit urbaner Eleganz entgegentritt. Senkrechte, weiß gestrichene Kiefernholzlatten mit einem an den Fenstern orientierten horizontalen Fugenmuster verkleiden den oberen Hauskorpus. Er scheint, ganz im Stile der Moderne, optisch zu schweben. Verantwortlich dafür ist das dunkel gehaltene Erdgeschoss mit dem seitlich anschließenden Garagentor. Hier kamen thermobehandelte und geölte Buchenlatten zum Einsatz. Das Gebäude selbst sitzt auf einem Keller aus WU-Beton* und ist in Holzständerbauweise mit Massivholzdecken aus Brettschichtholz gefertigt. Dies ermöglicht – in ähnlicher Weise wie bei Geschossdecken aus Stahlbeton – die Reduktion tragender Wände und damit einerseits fließende Raumzusammenhänge, andererseits aber auch eine grundsätzliche Flexibilität der Grundrissanordnung. Nimmt man diese genauer ins Visier, fällt vor allem die der schmalen Hausform geschuldete Längsorganisation auf. Mit seiner seitlich sitzenden einläufigen Treppe ähnelt das Prinzip den aktuellen niederländischen Townhouses, besitzt gegenüber diesen aber eine komfortablere Hausbreite sowie den typisch deutschen Keller mit kostbaren Lagerflächen. Vergleichbar ist die exakte Gliederung des Wohnens in Ebenen: unten der Eingang, ein fließender Wohnbereich mit Küchenzeile, Esstisch, Sitzgruppe und Weiterleitung auf die Gartenterrasse, darüber ein Arbeitsplatz, Bad und zwei kleine Schlafzimmer, dann folgt das komfortable Hauptschlafzimmer mit reichlich Schrankmetern, hellem Bad und einer intimen Dachterrasse. Die Sorgfalt der Planung stellen unter anderem zwei eigenwillige Entwurfsideen unter Beweis: die große, raumhohe Schiebetüre zur oberen Etage und der clevere Einsatz von flachen Bodenpodesten, mit denen sich der ansonsten fließende Wohnraum im Erdgeschoss subtil rhythmisiert. In Kombination mit einer Luft-Wärmepumpe erzeugt die Fußbodenheizung eine atmosphärisch angenehme Temperierung.

* WU-Beton (wasserundurchlässig) hat einen hohen Wassereindringwiderstand und empfiehlt sich beispielsweise bei Bauten in Ufernähe oder hohem Grundwasserpegel. Eventuell kann eine zusätzliche Dichtungsschicht eingespart werden.

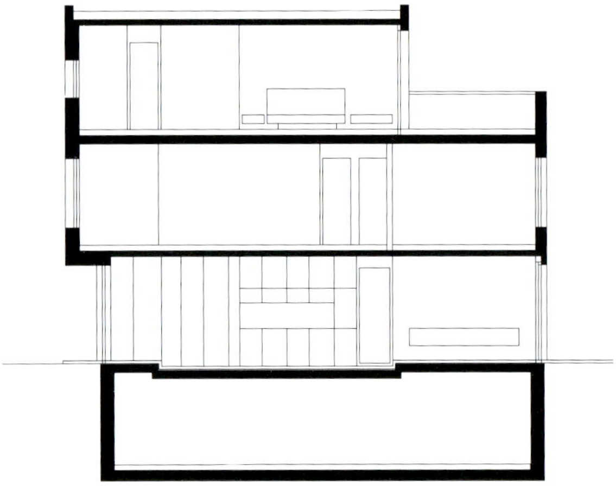

Schnitt M 1:200

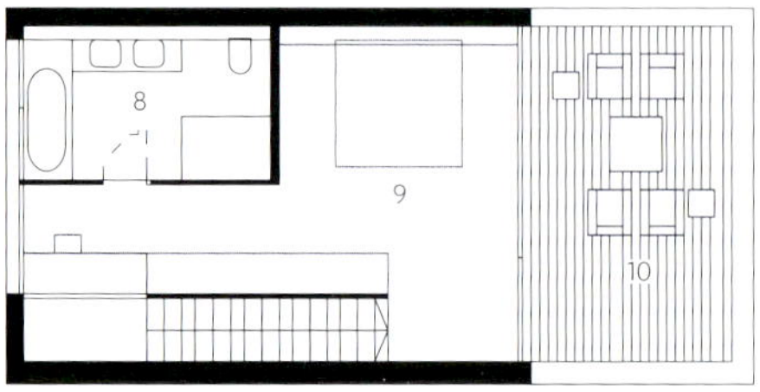

2. Obergeschoss M 1:200

1. Obergeschoss M 1:200

1 Zugang
2 Kochen/Essen
3 Wohnen
4 Terrasse
5 Garage
6 Arbeiten/Bibliothek
7 Kind
8 Bad
9 Eltern
10 Dachterrasse
11 Technik
12 Lager
13 Vorräte

Erdgeschoss M 1:200

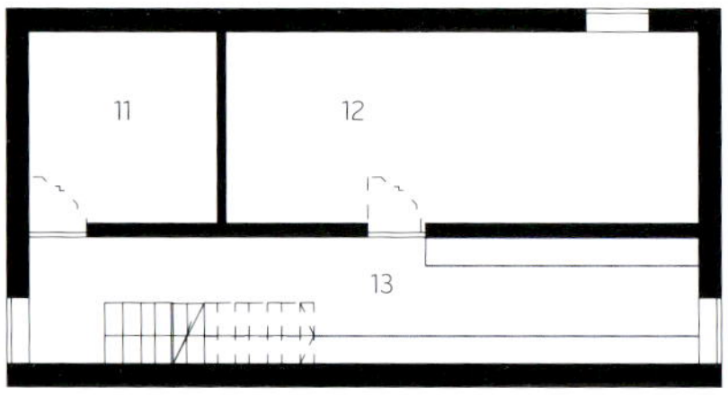

Untergeschoss M 1:200

▼
Wer wünscht sich das nicht: eine Dachterrasse mit ungestörtem Blick in das Wohnviertel.

◀
Eine im Stil passende Einrichtung schließt das Wohnkonzept harmonisch ab und ergänzt die Intentionen der Architekten.

▶
Das offene Erdgeschoss mit Eingang, Küche, Essen und Wohnen wurde raffiniert zoniert: Der mittig situierte Essbereich liegt etwas tiefer.

◄
Die Schiebetür im ersten Stock trennt zum Hauptschlafzimmer im zweiten Obergeschoss ab. Dieses erreicht man über eine eigene Treppe.

▼
Das helle Bad im zweiten Geschoss. Hier kann man in Ruhe entspannen oder sich für die sonnige Dachterrasse vorbereiten.

10 ÜBERRAUM ARCHITEKTEN

Kirschblütenhaus

ÜberRaum Architekten | Kirschblütenhaus Standort **Achern (D)** Bauzeitraum **Januar 2012 – August 2012** Bauweise **Holzständerbau**
Grundstücksgröße **754 m²** Wohnfläche **160 m²** Zusätzliche Nutzfläche **43 m²** Anzahl der Bewohner **4** Reine Baukosten **261.000 €**
Baukosten pro m² Wohn-/Nutzfläche **1.286 €** Gesamtbaukosten **314.000 €**

Lageplan

▲ Ein mit Cortenstahl verkleideter Bügel flankiert den Holzsteg zur Haustüre und dient als Eingangsmotiv.

HOLZHAUS UNTER BÄUMEN

Die Ortenau ist bekannt für ihre liebliche Landschaft. Trifft man es zeitlich richtig, dann gerät man in die Kirschblüte – und alle Streuobstwiesen und Gärten sind wie mit weiß-rosa Wolken überzogen. Ein atmosphärisch idealer Kontrapunkt zu schlichter, klar gezeichneter Architektur. In kongenialer Weise trifft Holz auf Holz. Für den Standort in einem Dorf bei Baden-Baden entwickelte das in London tätige deutsche Architekturbüro mit dem philosophischen Namen »ÜberRaum« den Bauauftrag für ein günstiges Einfamilienhauskonzept in Gestalt eines langgestreckten Riegels mit asymmetrischem Giebeldach. In Einklang mit dieser naturdominierten Umgebung in einer alten Kulturlandschaft bemühte man sich um eine verantwortungsbewusste und nachhaltige Planung. Verständlich, dass ein KfW-55-Niedrigenergiehaus-Standard gewählt wurde und man bei der Fabrikation des Holzständerbaus mit seiner unbehandelten Fichtenholzverkleidung auf die Beauftragung eines regionalen Holzbauunternehmens achtete. So konnten die Wand- und Dachelemente vorgefertigt und ohne großen Aufwand antransportiert und innerhalb einer Woche verbaut werden. Zur Dämmung tragen hier ein umweltfreundliches Cellulose-Einblasmaterial sowie eine Dreifachverglasung bei. Die Klimatisierung übernimmt eine Luft-Wärmepumpe, das Dach integriert eine Solar- und Photovoltaikanlage. Der natürliche Baustoff Holz nun kontrastiert reizvoll mit den dunkelgrauen Metallrahmen der Fenster, die aus Kostengründen nur in Teilsegmenten zu öffnen sind. Es überraschen die bei Privatbauten seltenen Cortenstahl*-Elemente. Diese stammen passenderweise aus der Metallbaufirma des Bauherrn und signalisieren einerseits die große Fensterkoje des Wohnbereichs sowie andererseits den an der Ostseite befindlichen kastenartigen Anbau, in dem der Eingangsbereich sitzt. Der dritte metallische Begleiter des Holzhauses glänzt silbrig – es ist das der fensterlosen Nordseite vorgesetzte Kaminrohr. Während die innere Raumanordnung mit ihren gereihten Schlafzimmern im Obergeschoss und der Abfolge Wohnen, Essen, Kochen, Treppe, Gast und Bad im Erdgeschoss kaum besser denkbar wäre, überzeugt auch die Organisation des Grundstücks. Hier distanzieren zwei Stellflächen zur Straße hin, führt ein Holzsteg zum Eingang, platziert sich eine Terrassenfläche westlich vor dem offenen Küchenabteil und führt eine Abfahrt unter das Haus. Die Hanglage wurde hier für eine praktikable Einrichtung eines Carports genutzt und das Untergeschoss mit einem exemplarischen Grundriss versehen: der kühle Abstellraum liegt im Erdreich, daneben erhielt der Abfall eine diskrete Kammer und die Werkstatt mündet direkt unter den Überhang, wo man im geschützten Außenbereich in der frischen Luft arbeiten oder Holz hacken kann.

* Der witterungsunempfindliche Cortenstahl verfügt unter seinem künstlich erzeugten Oberflächenrost eine vor weiterer Korrosion schützende Schicht aus Sulfaten oder Phosphaten.

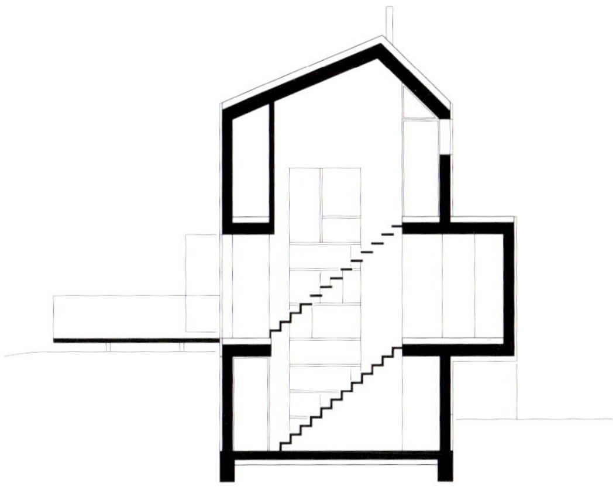

Schnitt M 1:200

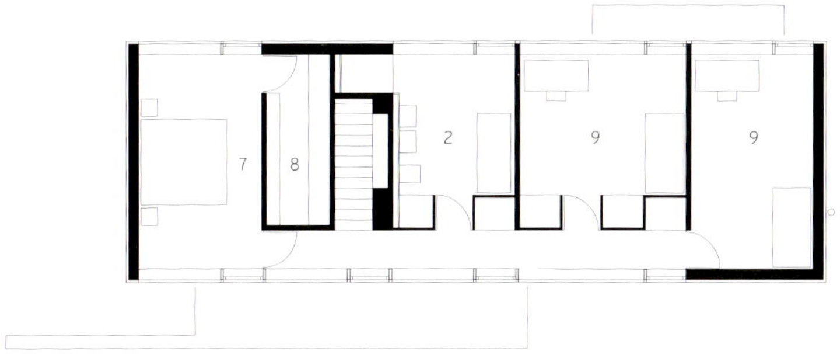

Obergeschoss M 1:200

1 Zugang
2 Bad
3 Arbeiten/Gast
4 Terrasse
5 Kochen
6 Essen/Wohnen
7 Eltern
8 Ankleide
9 Kind
10 Abstellraum
11 Technik
12 Werkstatt
13 Carport
14 Abfall

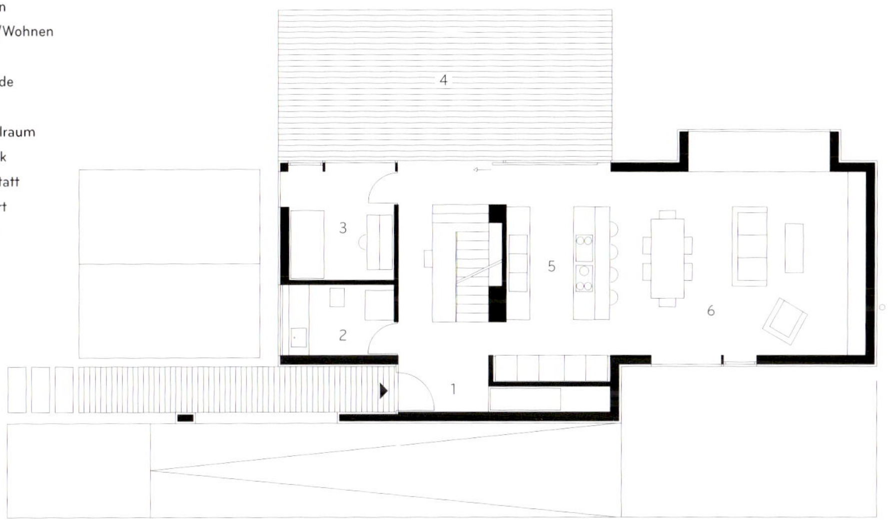

Erdgeschoss M 1:200

▼
Der Hauskörper kragt über den leichten Abhang aus und erzeugt unter sich einen vielseitig nutzbaren, geschützten Außenraum.

◄
Mit seiner unbehandelten Fichtenholzverkleidung und der betont direkten Anbindung an die Gartenzone bemüht sich der Entwurf um eine sympathische Naturnähe.

▼
Die offene, als Mittelpunkt des Familienlebens konzipierte Küche öffnet sich mit einer 3 m breiten Schiebetür auf die Holzplankenterrasse.

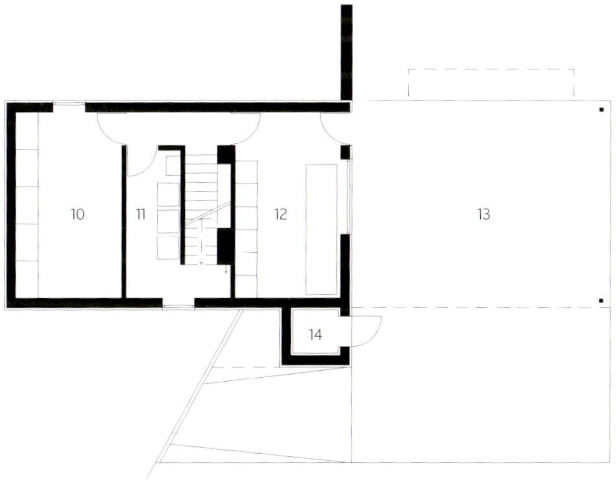

Untergeschoss M 1:200

◄◄

Durch das tief angesetzte Dach erhält das Obergeschoss eine angenehme Raumproportionierung.

◄►

Für die begehbare Dusche des Bads im Obergeschoss wurde der Luftraum der Treppe genutzt. Auch von dort aus genießt man den Ausblick auf die Kirschbäume.

◄◄

Der Treppenansatz im Wohngeschoss wurde clever mit Regal, Sitzstufen und einer Arbeitsplatte kombiniert.

◄►

Das offene Erdgeschoss organisiert seine Wegführung über seitliche Gänge. Dadurch wird die Wohnküche zum Zentrum der Kommunikation.

11 COURAGE ARCHITECTEN

Woonhuis Ripken

COURAGE Architecten | Woonhuis Ripken Standort **Almere (NL)** Bauzeitraum **2010 – 2011** Bauweise **Stahlbau**
Grundstücksgröße **163 m²** Wohnfläche **95 m²** Zusätzliche Nutzfläche **71 m²** Anzahl der Bewohner **2** Reine Baukosten **186.000 €**
Baukosten pro m² Wohn-/Nutzfläche **ca. 1.120 €** Gesamtbaukosten **260.000 €**

MUT ZUR KONSEQUENZ

Dort, wo die städtebaulich faszinierende Neustadt Almere, die seit 1975 auf einer künstlichen Halbinsel im niederländischen Ijsselmeer errichtet wird, mit ihrem nördlichsten Ausläufer bis direkt an den Polderdeich reicht, wo man dank des flachen Landes aus dem dritten Stock einen herrlichen Blick über die Schilfgürtel auf die Einfahrt zum Amsterdamer Hafen mit unzähligen Frachtern und Segelschiffen genießen kann, dort ließ sich ein junges Ehepaar dieses Stahlhaus bauen. In ihrem Album, das sie sich für die gemeinsamen Planungsgespräche über ihren Neubau mit vielen Fotos aus Zeitschriften und Katalogen gefüllt hatten, kristallisierte sich eine Vorliebe für cooles Design und die großen Vorbilder der US-amerikanischen Case-Study-Houses heraus. Mit dem Architekten Lars Courage fand man einen Gleichgesinnten, der für das nur 6 m breite, für diese Siedlungsstraßen typische Townhouse ein durchgängig konsequentes Konzept in der passenden Industrieästhetik entwickelte. Konstruiert aus warmgewalzten Stahlprofilen und hochisolierten Kingspan-Sandwichpaneelen sowie Sonnenschutzverglasung entstand ein dreistöckiger Kasten, der seine Materialität und Statik sowohl außen als auch innen zum Stilthema werden lässt. Sichtbar verlaufen die Spannseile, Treppen und Balustraden scheinen, genauso wie der Balkon über dem kleinen, nach Westen ausgerichteten Garten mit ihrer silbern schimmernden Verzinkung aus einer Lagerhalle zu stammen. Leuchtelemente und Bilder werden einfach mit Magneten an den Außenwandungen oder Decken fixiert. Zur Schallreduktion wurden Letztere zum zweiten Stock hin akustisch gedämmt und perforiert, der Boden des ersten Geschosses besteht aus einer profilierten Stahlplatte mit Betonschicht – auf tragende Innenwände konnte verzichtet werden. In den Decken liegt eine Niedrigtemperatur-Bodenheizung, für eine schnell wirksame Kühlung oder Beheizung wurden Ausströmer eingesetzt. Die Fassadengestaltung bewältigt die schwierige Mischung aus Blickschutz und Licht, respektive Belüftung in den unteren Geschossen, wo sich Schlafzimmer und Bad befinden, clever, indem sie ein geschlossenes Mittelsegment einführt. Dort, wo Ausblick gewünscht ist, also im obersten Stock, wo dies die Wohngalerie mit Kamin für sich einfordert oder im ersten Geschoss, wo die 6 m hohe Küchenhalle Licht und den Austritt auf den Balkon benötigt, ist dagegen auf voller Breite verglast. Dass ihr Haus komplett schwarz ist, wird von den Bewohnern keineswegs als düster empfunden, da die großen Fensterflächen jeden Lichtstrahl nach innen holen – und damit auch den Blick auf Polderlandschaft und Himmel.

Lageplan

▲▲ Diese Aufnahme aus der Bebauungsphase der Siedlung bevorzugt der Architekt: Sie zeigt das Architekturkonzept ideal und vermeidet die später entstandenen Nachbarhäuser.

▲ Die Entwurfsidee charakterisieren eine starke Industrieästhetik, konstruktive Intelligenz und hartes Metall.

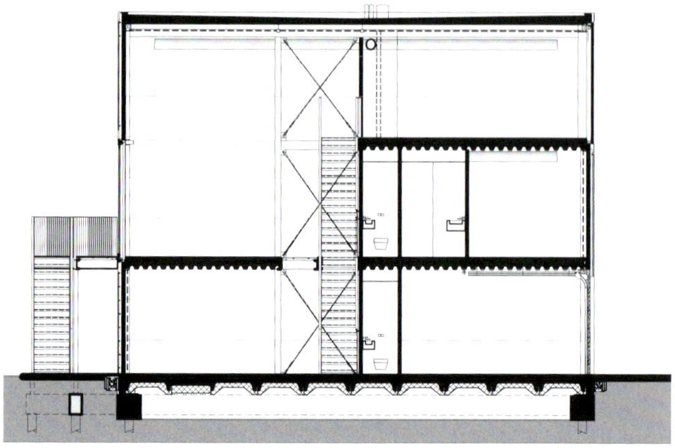

Schnitt M 1:200

◀
Trotz der einheitlichen Stilsprache bietet sich gestalterische Vielfalt in Schwarz, Silber und Holz.

▼
Auf der Ebene der Wohnküche liegt auch das Hauptschlafzimmer. Die Treppe führt zur Wohngalerie hoch.

▶
Ohne Störung durch Sprossen oder Rahmung schießt der Blick vom Wohnbereich im Obergeschoss in die Polderlandschaft – der Höhepunkt des Hauses.

1 Zugang
2 Garage
3 Schlafen
4 Kochen/Essen
5 Balkon
6 Bad/WC
7 Schlafen
8 Wohnen
9 Luftraum

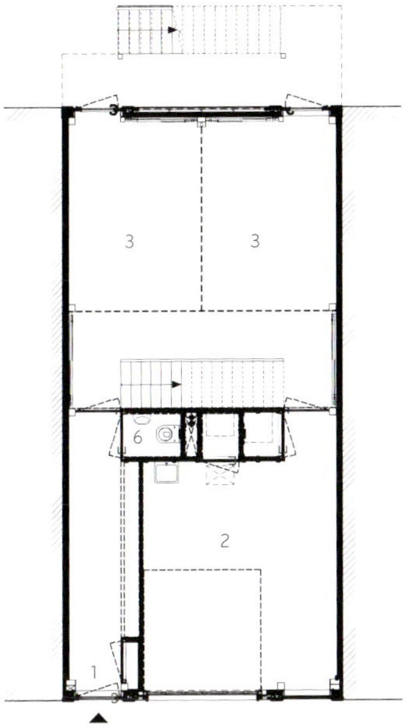

Erdgeschoss M 1:200

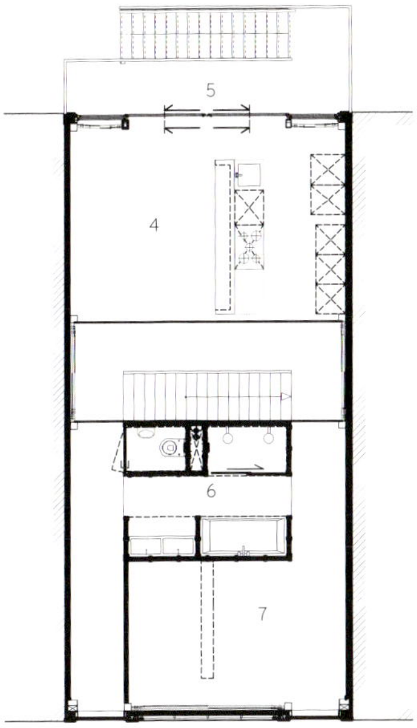

1. Obergeschoss M 1:200

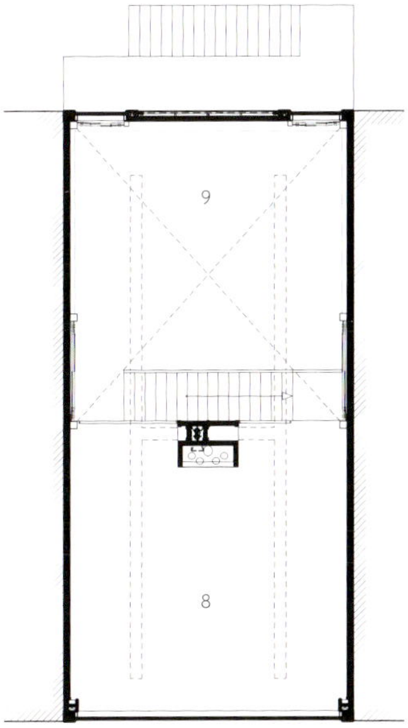

2. Obergeschoss M 1:200

▼
Wie der Decksalon einer hypermodernen Yacht. Der Kamin jedoch vermittelt etwas traditionelles Flair.

12 STEINER WEISSENBERGER ARCHITEKTEN

Haus für eine Familie

Steiner Weißenberger Architekten | Haus für eine Familie Standort **Umland von Berlin (D)** Bauzeitraum **April 2010 – Mai 2011**
Bauweise **Massivbau mit Holzdachstuhl** Grundstücksgröße **1.200 m²** Wohnfläche **145,5 m²** Anzahl der Bewohner **3** Reine Baukosten **208.000 €**
Baukosten pro m² Wohn-/Nutzfläche **ca. 1.430 €** Gesamtbaukosten **242.000 €**

QUADRAT ALS LEITMOTIV

Lageplan

Jeder entwerfende Architekt wird es bestätigen: das Einpassen der komplizierten Raumvielfalt eines Einfamilienhaushalts in eine geometrisch fixierte Form ist keineswegs einfach, sondern erfordert ebensoviel Erfahrung wie Kreativität. Steiner Weißenberger Architekten mussten im hier präsentierten Fall auf die lokale Vorgabe einer quadratischen Grundform und eines Steildachs mit Gauben reagieren und lösten dies mit einer anspruchsvollen Neuinterpretation des kleinen Satteldachhauses. Dabei gelang ihnen eine beachtenswerte Kompositionsleistung: einerseits erhalten alle Funktion innerhalb des kubischen Baukörpers eine passende Größe und ergonomische Position, andererseits fügen sich die damit verbundenen Fensteröffnungen und Gauben zu einer zeitgemäß spannungsvollen und grafisch sehr überzeugenden Außenerscheinung. Das Haus signalisiert die Sorgfalt der Planung in allen Details: der Baukörper mit seinem verputzten Poroton-Massivmauerwerk ist exakt konturiert, zwei dem flachen Satteldach südlich und nördlich aufgesetzte Rechteckgauben – beide wie die Dachflächen aus Eternit – verstärken dabei den skulpturalen Ausdruck und erweitern die dazugehörigen Schlafzimmer für Kinder und Gast durch eine stimmungsvolle Fensterbank als Sitzelement. Unterstützt wird die klare Kubatur des Gebäudes durch den fehlenden Dachüberstand und die bündig in die Fassade gesetzten breiten Aluminiumrahmen der Fenster, die sich mit einem windmühlenflügelartigen Effekt an den Ecken platzieren und damit visuelle Dynamik erzeugen. Als Kern der Anlage bestimmten Architekten und Bauherren die geradläufige Treppe, über deren Mittelposition ein Oberlicht installiert wurde und trotz der Kleinteiligkeit des Grundrisses mit vielen Türen und Wänden bei Tag auch im Inneren immer für eine angenehme Helligkeit sorgt. Sie erschließt die drei Schlafzimmer samt Bad im Obergeschoss, das mit seinem Kniestockprinzip der Dimensionierung eines Hauses auf kleiner Grundfläche entgegenkommt. Die hohen Gauben allerdings ersetzen einen Teil des durch die Dachschräge reduzierten Wohnraums. Zweifelsohne ergeben sich aus dieser kompakten Bauweise energetische Vorteile, unterstützt von den großen, nach Süd und West gerichteten Fenstern. Die Heizleistung wird über eine Erdwärmepumpe erzeugt. Bei Betrachtung des Erdgeschossgrundrisses fällt seine an traditionelle Kleinhäuser angelehnte komplexe Dichte auf, was unter anderem durch den räumlichen Ausgleich des aus Kostengründen vermiedenen Kellers veranlasst ist. Ihn ersetzen Schränke im Eingang, unter der Treppe und dem praktischerweise daneben liegenden Hauswirtschafts- und Abstellraum sowie sinnvolle Einbauschränke beziehungsweise eine Ankleide in den Schlafzimmern.

▲ Wenn das Haus von innen strahlt, als habe es nur ein gemeinsames Volumen, dann wird der gekonnte Umgang mit Baukörper und Fensterverteilung besonders deutlich.

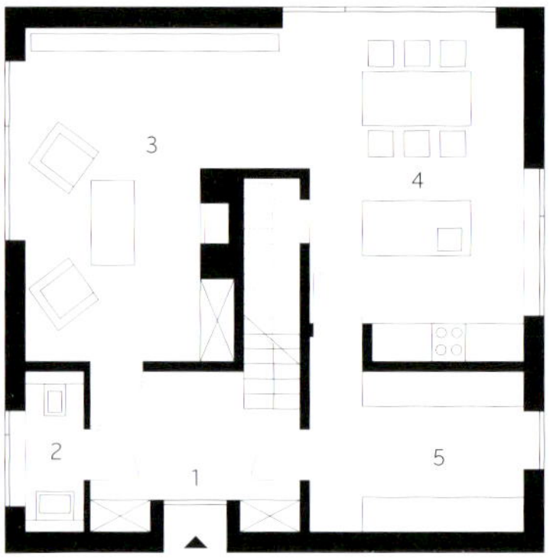

Erdgeschoss M 1:200

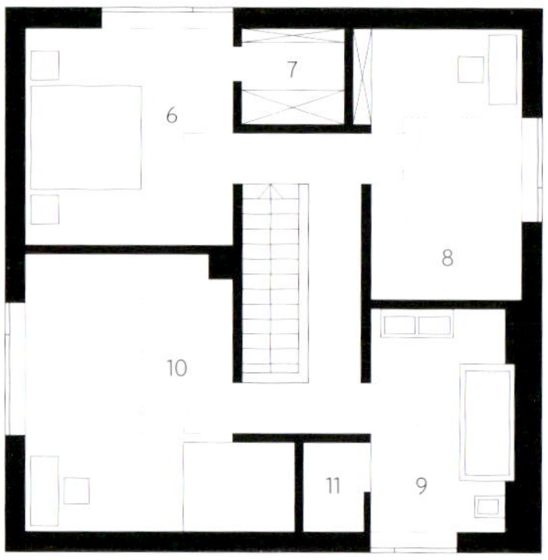

Obergeschoss M 1:200

1 Zugang
2 WC
3 Wohnen
4 Kochen/Essen
5 Hauswirtschaftsraum
6 Eltern
7 Ankleide
8 Gäste
9 Bad
10 Kind
11 Abstellraum

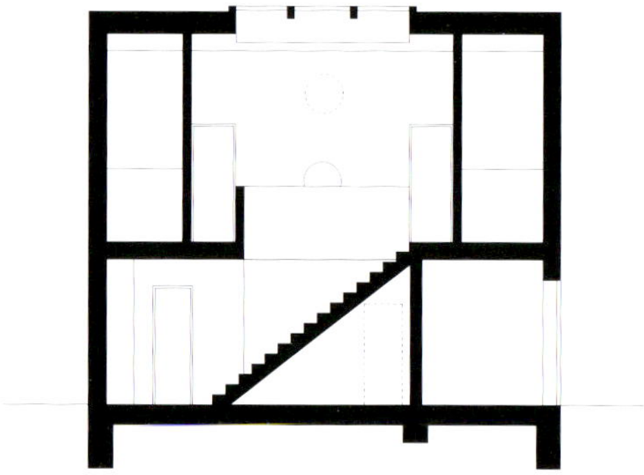

Schnitt M 1:200

◄

Manchmal genügen wenige gestalterische Elemente, um Charakter und Atmosphäre zu schaffen.

◄

Basis des Entwurfs ist das kleine traditionelle Giebelhaus. Und dieses wurde hier perfekt in eine neue, puristische Form gebracht.

►

Eine offene Küchentheke fördert die Kommunikation mit dem Esstisch. Die Sichtachse läuft weiter bis in den Garten.

▼
Ein Oberlicht verhilft dem zentralen Treppenhaus zu Tageslicht und damit angenehmer Raumstimmung.

▼
Im Dach sitzen zwei viereckige Gauben, die sich tief in den Kniestock nach unten ziehen und damit für zusätzlichen Raum sorgen.

▼
Da sich das Wohnen durch große Fensterflächen eng an den Gartenraum anschließt, wird der Nachteil einer knapp bemessenen Geschossfläche bestens ausgeglichen.

13 FINCKH ARCHITEKTEN

haus F

FINCKH ARCHITEKTEN | haus F Standort **Esslingen am Neckar (D)** Bauzeitraum **Februar 2011 – Januar 2012**
Bauweise **massiv, Betonskelettkonstruktion** Grundstücksgröße **456 m²** Wohnfläche **147 m²** Zusätzliche Nutzfläche **35 m²** Anzahl der Bewohner **5**
Reine Baukosten **247.000 €** Baukosten pro m² Wohn-/Nutzfläche **ca. 1.357 €** Gesamtbaukosten **289.000 €**

GEKÜHLTE ÄSTHETIK

Architektur ist faszinierend. Ihre Grenzen sind eigentlich kaum zu fixieren, ebenso wenig, wie es möglich scheint, ihre Vielfalt umfassend zu beschreiben. Dies fällt auch immer wieder auf, wenn man sich Konzepte und umgesetzte Entwürfe von Wohnhäusern ansieht und sie – wie in diesem Buch – in einer Reihe nebeneinander präsentiert. Je anspruchsvoller Architekten und Bauherren dabei vorgehen, desto unterschiedlicher und eigenständiger geraten die Resultate. Wenn dazu noch der Architekt für sich selbst baut, lassen sich jene Synergien dann absolut homogen umsetzen. Das Esslinger Wohnhaus des Architekten Thomas Finckh nun ist bestes Beispiel für die beachtliche Bandbreite, deren »coole« Seite es zu repräsentieren scheint. Dies wird nicht unmaßgeblich von der technisch anmutenden Ästhetik und der Farbmodulation der Innenräume getragen, was mit seinem Wechsel der Raumatmosphäre ein wenig an elegante Clubs oder Designrestaurants erinnert. Gegenüber den verputzten Satteldachhaus-Nachbarn bezieht der entlang der Mittelachse seiner schmalen Parzelle positionierte, 14 m lange und nur 4,70 m breite Neubau zwar die gewinkelte Dachsilhouette, demonstriert jedoch eine grundsätzlich andere Materialität. Der vierstöckige Baukörper wird gebildet aus Sichtbetonscheiben, deren Dicke von 20 cm bei den Decken, 16 cm bei den Wänden und 14 cm beim Dach variiert. Vorgehängte TWD-Fassaden* aus hochdämmenden Polycarbonatplatten* schließen die Giebelseiten, und erlauben dank ihrer Transluzenz an manchen Partien einen reizvollen Lichteffekt – genauso wie sie gleichzeitig die Intimität des Wohnens gegenüber den nahe stehenden Häusern gewährleisten. Die mehrfach preisgekrönte ästhetische Qualität des Entwurfs verdankt sich der präzisen Detailplanung ebenso wie einer perfekten Bauausführung. Außen wie innen dominiert das pure Material, der Sichtbeton, der durchscheinende Kunststoff sowie die Sonnenschutzverglasung mit den schwarz lackierten Lüftungselementen aus Holz, was auf eine planerisch anspruchsvolle »Ausblendung« der technischen Komponenten schließen lässt. In der Tat verbindet sich der visuelle Luxus mit einem Passivhausstandard**, wobei die Fußbodenheizung im schwimmenden Estrich verlegt wurde. Das Dach erhielt eine EPDM-Folienabdichtung*** mit integrierter Photovoltaik. Als Heiztechnik installierte man eine Sole-Wasser-Wärmepumpe. Doch auch der Nutzungsaspekt wurde nicht vernachlässigt: die Innendisposition mit Wohnetage und drei Schlaf- und einem Gästezimmer überzeugt ebenso wie die dem Haus vorgesetzte Betonbox mit ihren verschiebbaren Kunststoffplatten. Sie bietet der im Souterrain platzierten Einliegerwohnung einen effektiven Sichtschutz.

Lageplan

▲ **Die extrem schlanke, technoide Architektur betont die geringe Breite der Parzelle gegenüber den Nachbarhäusern mit fast provozierender Eleganz.**

* TWD (Transparente Wärmedämmung) bedeutet hohe Dämmwirkung plus Lichtdurchlässigkeit. Polycarbonat ist ein dafür optimierter, transparenter und farbloser Polyester-Kunststoff.

** Passivhausstandard: jährlicher Primärenergiebedarf: 15 kWh/m².

*** EPDM

▼
Mit der Dämmerung entwickelt sich das Wohnhaus zu einem transluzenten Kunstobjekt.

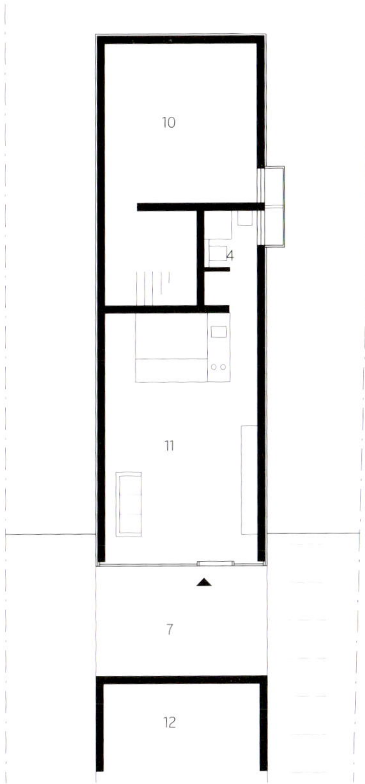

Erdgeschoss M 1:200

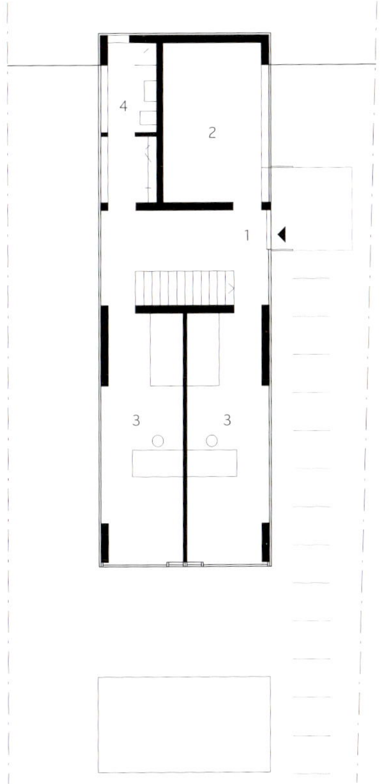

1. Obergeschoss M 1:200

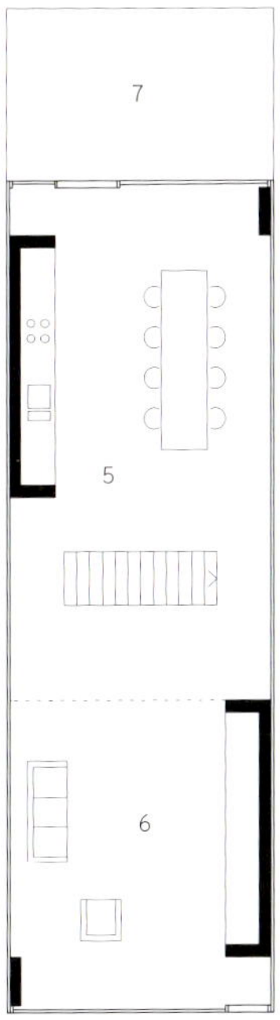

2. Obergeschoss M 1:200

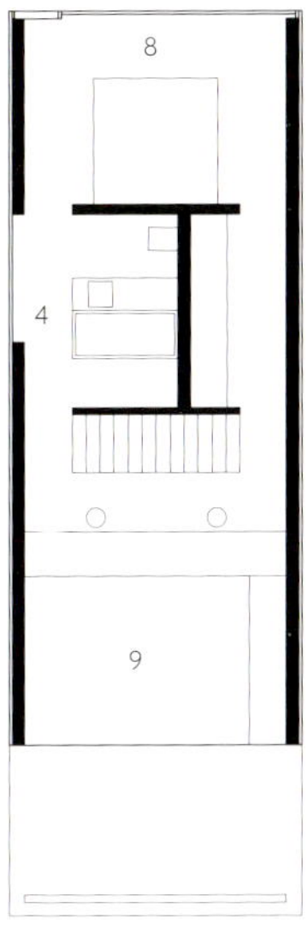

3. Obergeschoss M 1:200

1 Zugang
2 Gast
3 Kind
4 Bad
5 Kochen/Essen
6 Lounge
7 Terrasse
8 Schlafen
9 Luftraum
10 Lager
11 Einliegerwohnung
12 Abfall/Lager

▶
Auch ohne eine designaffine Inneneinrichtung demonstriert die Architektur ihre minimalistische Entwurfssprache. Hier verbinden sich zwei Betonflächen mit Glas und Polycarbonat.

▼
Über dem Wohnbereich im zweiten Obergeschoss schiebt sich eine Galerie in die Dachschräge. Die hinten sichtbare Wohnküche öffnet sich auf die hangseitige Terrasse.

◀
Die Stahltreppe scheint sich in ihrer formalen Reduktion ausschließlich durch die Funktion zu formen.

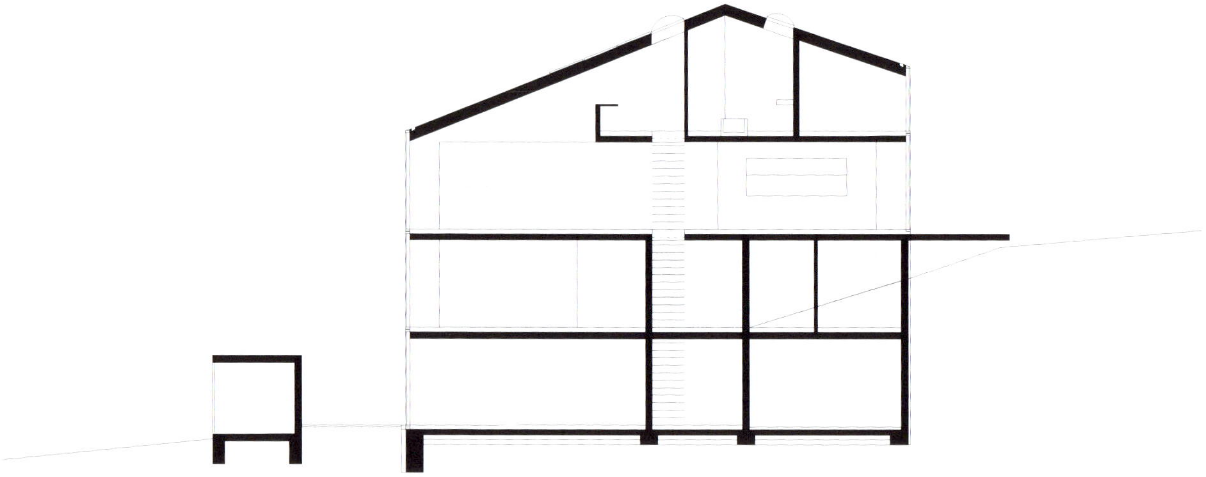

Schnitt M 1:200

▶

Die Alternative zum gemütlichen Licht der Stehlampe ist eine raumfüllende Farbmodulation. Hier liegt die Assoziation zu einem coolen Großstadtclub nahe.

▼

Das Volumen des Wohnbereichs findet durch eine rahmenlose Glasfläche visuellen Anschluss an die Umgebung – zwei Welten treffen aufeinander.

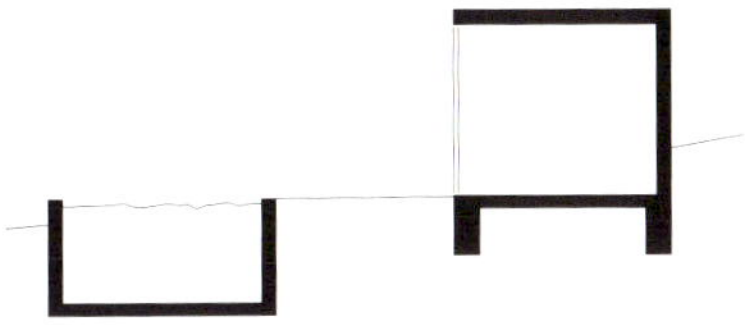

14 MOSER UND HAGER ARCHITEKTEN

Haus 001

MOSER UND HAGER Architekten | Haus 001 Standort **Steyregg/OÖ (A)** Bauzeitraum **Frühjahr 2011 – Oktober 2012**
Bauweise **Holzriegelbauweise** Grundstücksgröße **ca. 1.000 m²** Wohnfläche **178 m²** Zusätzliche Nutzfläche **60 m² (Garage)** Anzahl der Bewohner **5**
Reine Baukosten **247.000 €** Baukosten pro m² Wohn-/Nutzfläche **1.150 €** Gesamtbaukosten **398.000 €**

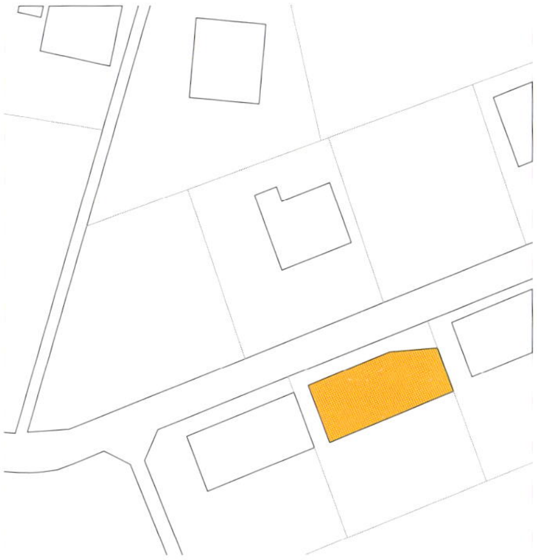

Lageplan

▲ Es liegt flach und etwas geheimnisvoll in der Straße, die Garage ist kaum zu sehen. Den Eingang aber signalisiert eine weiße, offene Kiste – und das macht neugierig.

AUGENZWINKERNDE ARCHITEKTUR

Wie sind sie doch so oft monoton, unsere Wohnsiedlungsstraßen und Ortsränder. Man sehnt sich nach dem individuellen Auftritt, der es der Architektur ermöglicht, ihre Versatilität zu zeigen. Manchmal ist es die berühmte normative Kraft des Faktischen – wie zum Beispiel der Zwang zur Kosteneffizienz –, die ein innovatives, experimentelles Denken hervorruft. Wenn sich dann junge Bauherren, die sparsam planen müssen, und Architekten, die Potenzial und Freude am Entwurf haben, zusammenfinden, dann entsteht vielleicht so etwas wie das Haus 001 in Oberösterreich. Ein maßgeschneiderter, einstöckiger Monolith auf einem sanft abfallenden Vorortgrundstück, der sich netterweise dem Ausblick des darüber liegenden Nachbarhauses nicht in den Weg stellt, der augenzwinkernd mit dem traditionellen Prinzip des Satteldachs spielt, der sich unkonventionell von vorn bis hinten mit einer schwarzen Haut aus hinterlüfteten Bitumenschindeln überzieht und dabei mit großer Selbstverständlichkeit an der Ostseite auch noch eine Doppelgarage mit Werkraum, Lagerfläche und Abfallbox integriert. Weiß dagegen bleiben eine Flanke des fünfeckigen Langhauses sowie zwei wandlose Raumelemente, Volumina aus weißen Stahlleisten, die dem Gebäude wie Werke der konkreten Kunst vorgestellt sind und den Eingangsportikus sowie die teilweise gedeckte Veranda ausbilden. Sie weisen gleichsam auf die orthogonale Bauweise in Holz-Riegel-Technik hin, der Baukörper steht auf einem kellerlosen Betonfundament. Als ob sie mit dem kostenreduzierten Budget kokettieren wollte, spielt die kreative Planung von Moser und Hager mit der Rohheit: die Oberflächen der Innenräume sind inklusive des sich bis in die Dachschräge hinein entwickelnden Volumens mit gehobelten OSB-Platten* verkleidet, der Boden durchgängig als eine Fläche aus Zementspachtelmasse aufgebaut und stellenweise in eine überraschend bunte Farbgestaltung integriert. Während die vertikal gegliederte Wandverkleidung im semiöffentlichen Bereich des Eingangs, der offenen Küche sowie des anschließenden Wohnbereichs mit den weiß geölten Holzbrettern eine skandinavisch anmutende ländliche Eleganz erzeugen, macht vor allem der Spiel-/Schlafraum der Kinder mit seiner Galerie dank der rauen OSB-Optik »einfach nur Spaß«. Klug in den Grundriss eingepasst wurden zahlreiche Möglichkeiten für Lagerung, Abstellen und Arbeiten, exakt so, wie es Familien benötigen. Das Niedrigenergiehaus wird durch eine Luft-Wärmepumpe beheizt und belüftet, wobei das runde Silberblech des Rohrs sich als reizvolles Technikmotiv offen durch den Dachraum zieht.

* (Oriented Strand Board) Grobspanplatten aus hart verklebten Holzspänen, die beim Einsatz im Innenausbau eine genormte Feuchtebeständigkeit (OSB/1) aufweisen müssen.

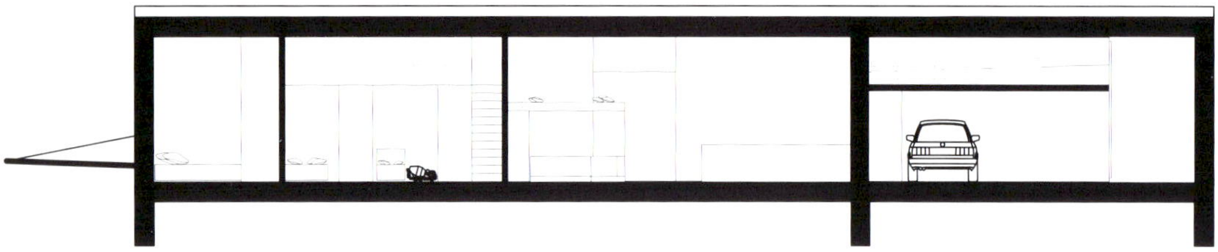

Schnitt M 1:200

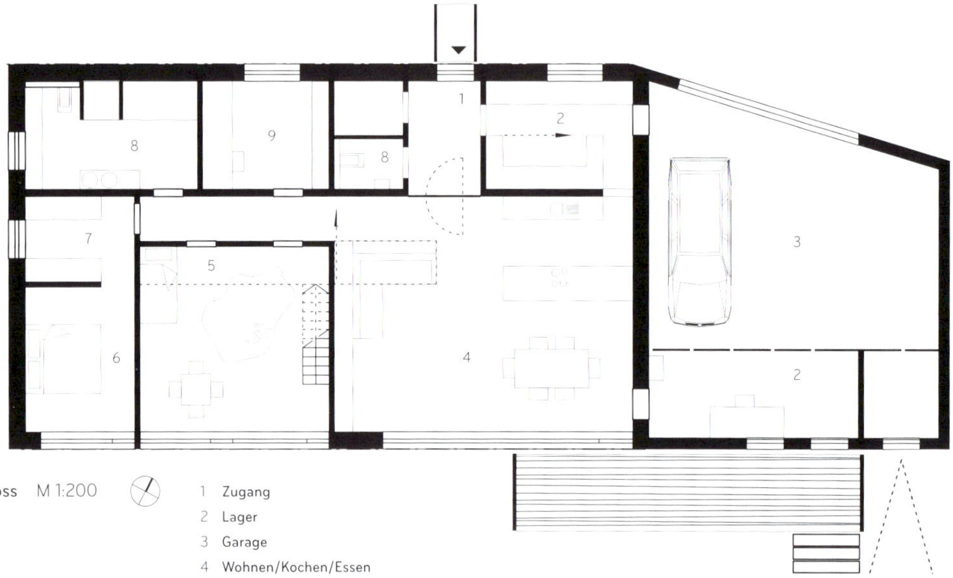

Erdgeschoss M 1:200

1 Zugang
2 Lager
3 Garage
4 Wohnen/Kochen/Essen
5 Kind
6 Eltern
7 Ankleide
8 Bad/WC
9 Büro

▶

Das Kinderzimmer besteht rundherum aus OSB-Platten, es hat eine eigene Galerie und eine bunte Treppe.

▼

Auch auf der Gartenseite wurde eine hier größere, teilweise offene Kiste vorgesetzt. Sie erzeugt das Volumen für den Außenraum der Terrasse und ist auf der Ostseite geschlossen.

▼

Wie im Bad mit seinem Flächendekor aus dunklen Tropfen finden sich im Haus überall spezifische Detailideen der Architekten, die das Wohnen auflockern.

▼▼

Vor dem Bezug zeigt der große Ess- und Küchenbereich sein reines Volumen. Die Lattung aus weiß geölten Holzbrettern vereinheitlicht und dynamisiert die Wandflächen.

▼

Der Raumtrenner zwischen Sitzecke und innerem Gang wurde für ein Aquarium und eine Bepflanzung genutzt. Das Rundfenster gehört zur Kindergalerie.

▼

Wie so oft vermittelt die Kombination aus zeitgenössisch moderner Architektursprache und individuell zusammengestellten Antiquitäten ein besonderes Flair.

15 ARCHITEKTUR+RAUM

Haus Brunner

architektur+raum | Haus Brunner Standort **Altusried/Allgäu (D)** Bauzeitraum **2011** Bauweise **Holzständerbau** Grundstücksgröße **ca. 560 m²**
Wohnfläche **140 m²** Zusätzliche Nutzfläche **45 m² (Garage, Lager, Technik)** Anzahl der Bewohner **4** Reine Baukosten **ca. 245.000 €**
Baukosten pro m² Wohn-/Nutzfläche **1.750 €** Gesamtbaukosten **360.000 €**

Lageplan

QUALITÄT DES SELBST-VERSTÄNDLICHEN

Das Haus steht in Altusried nordwestlich von Kempten, nahe der sich in sanften Mäandern durch die Landschaft schlängelnden Iller. Man könnte behaupten, es handle sich bei ihm um eine »stille Architektur«. Eine Architektur, die sich mit ruhiger Selbstverständlichkeit in die unprätentiöse ländliche Idylle des Allgäus einpasst, ohne um ihre Qualitäten viel Aufhebens zu machen. Und doch ist es wie so oft bei den Häusern, die sich in diesem Buch versammeln: alles ist bis ins Detail überlegt, sehr präzise gefertigt – und irgendwie ziemlich perfekt. Bei diesem Entwurf beginnt es bereits mit dem kleinen Grundstück, dessen dezente Unebenheit durch die unterschiedlichen Niveaus von Haus und der seitlich ansetzenden Flachdachgarage gleichsam unsichtbar aufgenommen wird. Sinnvollerweise übernimmt Letztere nicht nur zwei Stellplätze, sondern auch den Technikraum mit der Luft-Wärmepumpenheizung und ein großzügiges Lager, das den eingesparten Keller ersetzt. Als »Grenzgarage« schottet sie die kiesbestreute, südwestliche Terrasse effektiv gegen die Wohnstraße hin ab, optisch unterstrichen von der horizontalen Holzlattung, mit der sie sich von der Fassadenstruktur des Hauses absetzt. Ihr leichtes Vordach läuft in die Eingangsecke aus, die ebenso wie die Glasecke der Wohnzimmerterrasse in das Hausvolumen eingeschnitten ist. Stilistisch vergleichbar zurückhaltend sitzt das nur dezent auskragende flache Satteldach auf dem in Holzständerbauweise konstruierten Rechteckkasten des Gebäudes. Und dieses zeigt mit seiner fensterlos gehaltenen Front auf der Straßenseite in architektonischer Hinsicht eine beachtenswert puristische Konsequenz. Die Schindelhaut aus Weißtanne erzeugt dabei eine von Ferne fast samtig anmutende Textur. Das Obergeschoss ist raumökonomisch überzeugend in drei Schlafzimmer und ein Familienbad gegliedert, der Gang integriert dabei alle Schränke. Ein Schmankerl bietet die offene Dachschräge: hier erhalten die Kinderzimmer Zusatzflächen zum Schlafen. Das Erdgeschoss kennzeichnet nicht nur eine kluge Verteilung von Stauräumen, sondern auch eine sehr individuell gehaltene Wohn-/Küchenzone, deren Esstisch sich mit einem großen Fenster der Morgensonne zuwendet.

▲ Eine solche Detailansicht offenbart die puristische Haltung des Entwurfs und die ausgewogene Komposition der Materialien.

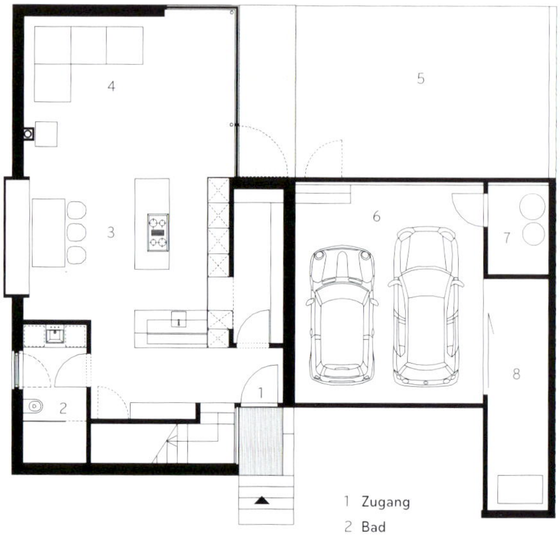

Erdgeschoss M 1:200

1 Zugang
2 Bad
3 Kochen/Essen
4 Wohnen
5 Terrasse
6 Garage
7 Lager
8 Haustechnik
9 Kind
10 Eltern

▼
Dämmerungsbilder gehören zu den reizvollsten Ansichten. Sichtbar wird hier die geringe Zahl der Wandöffnungen.

◀
Die fragile Glasecke des Wohnzimmers stellt sich in spannungsvollen Widerspruch zum geschlossenen Hauskasten.

▼
Der flache Anbau der Garage schottet die südwestlich gelegene Terrasse zur Straße hin ab. Ganz rechts ist der Winkelbau mit Abstellräumen und der Luft-Wärmepumpe zu sehen.

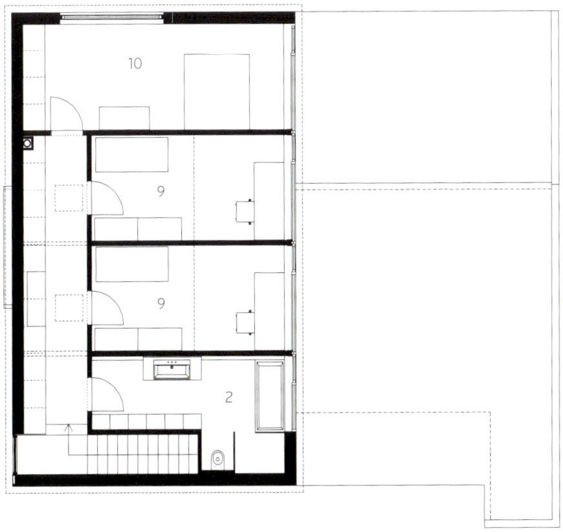

Obergeschoss M 1:200

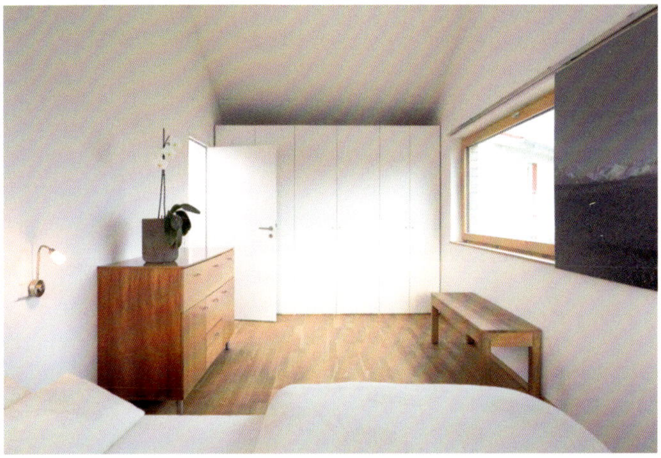

◀
Das Bad liegt in der Nordwestecke des Hauses und profitiert von der Höhe des offenen Giebels.

▶
Das Fenster des Hauptschlafzimmers wird mit einem Schiebeladen geschlossen. Diese kreative Detaillierung ist typisch für die durchdachte Entwurfsarbeit der Architekten.

▼
Zwischen Küchentheke und Esstisch gelangt man zum Wohnbereich. Der Essplatz erhielt ein großes Kastenfenster, das gleichzeitig als Bank dient.

L/A Liebel/Architekten | Haus Hofherrnweiler Standort **Aalen-Hofherrnweiler (D)** Bauzeitraum **2007–2010** Bauweise **Stahlbeton**
Grundstücksgröße **647 m²** Wohnfläche **166 m²** Zusätzliche Nutzfläche **70 m²** Anzahl der Bewohner **4** Reine Baukosten **243.529 €**
Baukosten pro m² Wohn-/Nutzfläche **1.467 €** Gesamtbaukosten **346.500 €**

Lageplan

▲ Das mittlere Geschoss verfügt über eine leicht tiefer gesetzte und abgeschirmte Terrasse, auf die sich die drei Schlafzimmer ausrichten.

HAUSBERG IM BLICK

Viele Menschen zeichnet aus, dass sie zu ihrer Arbeit ein intensives Verhältnis haben. Und es macht ihnen mitunter nichts aus, sie selbst nach Hause mitzunehmen, vielleicht sogar teilweise von dort aus zu arbeiten – wie die Bauherren dieses Einfamilienhauses. Damit dies möglichst angenehm geschehen kann, bedarf es aber auch einer passenden Architektur: viel Licht, ein ergonomisch perfekter Arbeitsplatz sowie die professionell erforderliche technische Ausstattung. Mit diesem Entwurf entwickelten die Architekten für ein solches Anforderungsprofil eine ideale Symbiose. Da das Grundstück in einem eng bebauten Wohnviertel an einer Kreuzung liegt, galt es, für den optischen Schutz der Privatsphäre zu sorgen. Gleichzeitig aber wünschten sich die Bewohner sowohl einen vitalen, extrovertierten Charakter, da sie das Haus ja beruflich nutzen, als auch die Integration des persönlich geschätzten Ausblicks auf den Hausberg der Stadt, dem »Aalbäumle«. Einerseits also wandert die Sonne ideal um den mittig auf die Parzelle gesetzten Baukörper, andererseits aber möchte man gerade im Süden etwas Blickschutz genießen. Das architektonische Maßkonzept reagierte durch die entsprechende Einrichtung der Geschosse: auf dem in Sichtbetonoptik gehaltenen Keller mit Doppelgarage sitzt ein dank der Geländeformation etwas eingesenktes Zugangsstockwerk mit weiß verputzten Fassadenfeldern. In ihm finden das gewünschte helle Arbeitszimmer sowie das Haupt- und zwei weitere Schlafzimmer Platz, kombiniert mit einem Schrankflur und zwei Bädern. Den Schlafräumen wurde eine um 50 cm eingetiefte Terrasse vorgelagert, abgeschirmt durch eine Hecke. Die Arbeitstischplatte aus Beton verlängert sich aus dem Büro bis ins Freie hinaus, um auch bei beruflichem Tun Sonne und Luft erleben zu können. Das mit einer, vor der Außendämmung sitzenden unbehandelten Holzschalung verkleidete Obergeschoss kragt auf der Eingangsseite markant aus. Neben einer sinnvollen Verschattung des Bürofensters erzeugt es damit auch einen Regenschutz vor der Haustür. Außer einer kleinen Toilette und der Abstellkammer widmet es sich mit der gesamten Fläche dem entspannten Wohnen. Der Ess-/Kochbereich wird dabei dank einer bodentiefen Eckverglasung optisch und faktisch an eine erhöhte und teilüberdachte Südwestterrasse angeschlossen, die Sofagruppe nimmt den östlichen Teil des Großraums ein, abgegrenzt durch einen querstehenden Kaminblock. Das Haus wurde in hochgedämmtem Energiesparstandard ausgeführt und erhielt eine Lüftungsanlage mit Wärmerückgewinnung. Für Wohlbehagen sorgt eine Fußbodenheizung, deren Luft-Wärmepumpe von einer auf dem Dach installierten Photovoltaikanlage mit Energie versorgt wird. Dem Nachhaltigkeitsaspekt trägt auch die Regenwasserzisterne Rechnung. Sie sammelt Wasser für WC-Spülung und Gartenbewässerung.

L/A LIEBEL/ARCHITEKTEN 16

Haus Hofherrnweiler

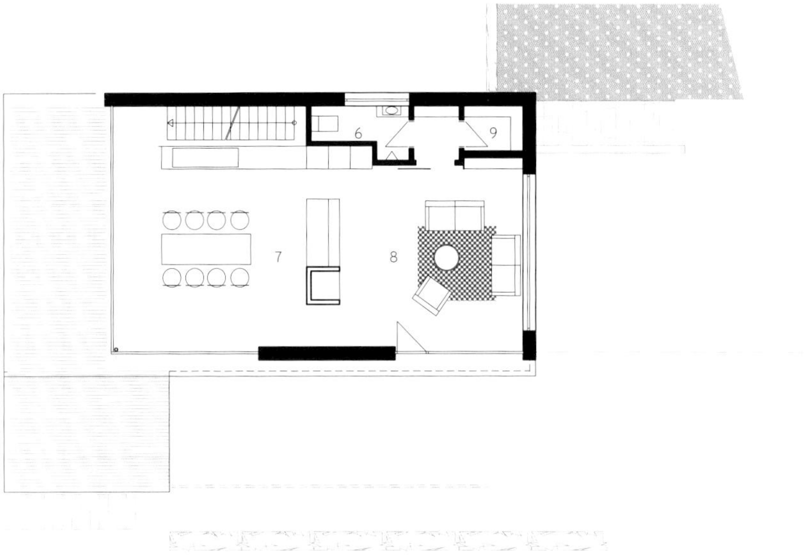

Obergeschoss M 1:200

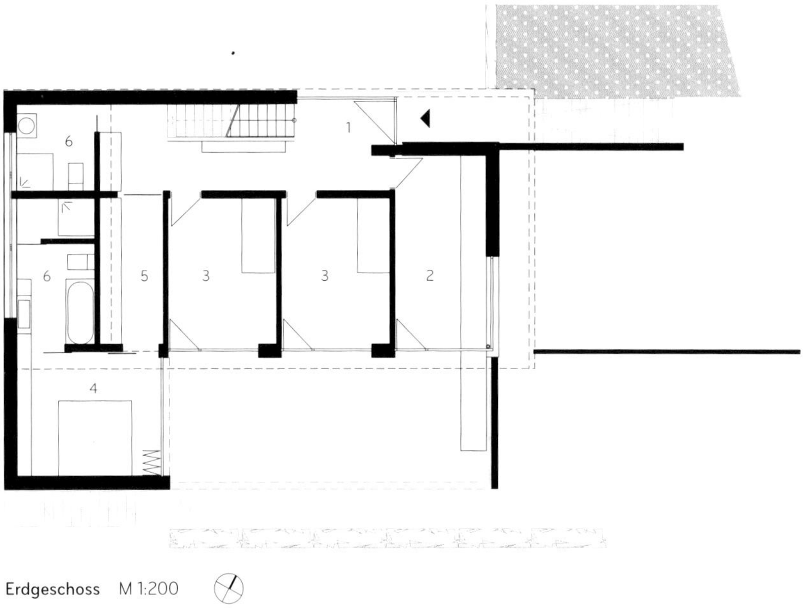

1 Zugang
2 Arbeiten
3 Kind
4 Eltern
5 Ankleide
6 Bad/WC
7 Essen/Kochen
8 Wohnen
9 Lager
10 Garage

Erdgeschoss M 1:200

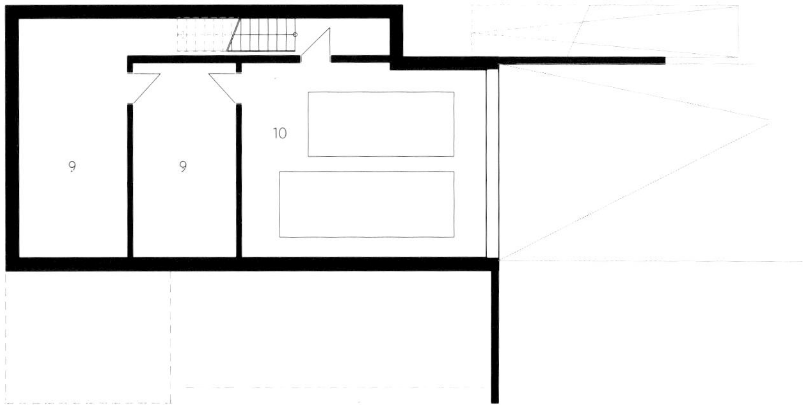

Untergeschoss M 1:200

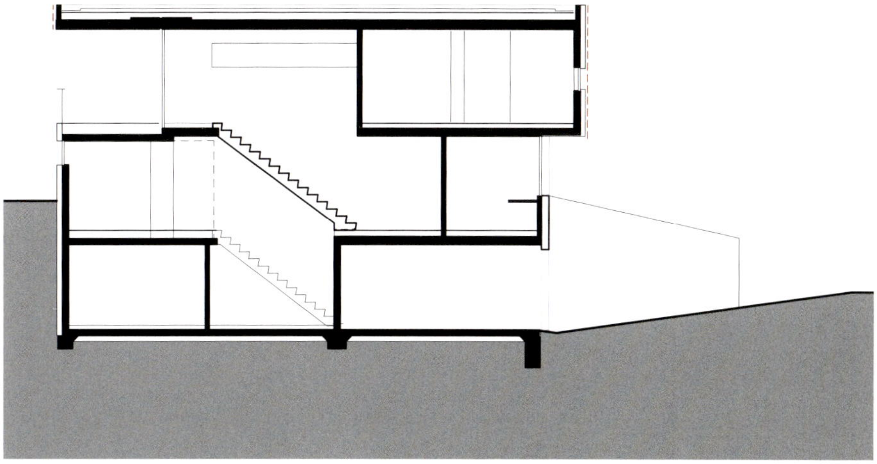

Schnitt M 1:200

◄
Ein amüsantes Markenzeichen ist die nach außen weitergeführte Schreibtischplatte des Büros. So können sich die auch zu Hause arbeitenden Bewohner an die frische Luft setzen.

▼
Wohnen und Essen wurden in das oberste Stockwerk verlegt, um viel Licht und Sicht in das Haus zu holen.

▶
Das Obergeschoss wird durch einen von den Architekten entworfenen Kaminblock in Wohn- und Esszone geteilt. Hinter der Küchentheke sitzt die Treppe nach unten.

◀
Der Entwurf vereint präzis gezeichnete und anspruchsvolle Ästhetik mit hoher Praktikabilität – eine gelungene Mixtur.

17 DE+ ARCHITEKTEN

Landhaus Brodowin

de+ architekten | Landhaus Brodowin Standort **Brodowin b. Chorin/Uckermark (D)** Bauzeitraum **2011–2012** Bauweise **Massivbau**
Grundstücksgröße **ca. 1.600 m²** Wohnfläche **149 m²** Anzahl der Bewohner **4–10** Reine Baukosten **243.700 €** Baukosten pro m² Wohn-/Nutzfläche **1.946 €**
Gesamtbaukosten **330.000 €**

KURZWEILIGES LANGHAUS

Das für seine ökologische Landwirtschaft bekannte Straßendorf Brodowin gehört zur Gemeinde Chorin mit ihrem berühmten Kloster und liegt in einer Feriengegend südwestlich des Parsteiner Sees im Umland Berlins. Es handelt sich trotz seiner flachen Topografie um einen sehr charaktervollen Landstrich mit einer ausdrucksvollen regionalen Bauernhaustypologie. Als nun de+ architekten ein hauptsächlich in den Ferien genutztes Wohnhaus an einer ruhigen Dorfstraße planten – unweit des Angers und der kleinen Backsteinkirche –, stand außer Frage, dass es ein kontextsensibles Konzept werden würde: es sollte sich sowohl atmosphärisch als auch formal einfügen. Letzteres bedingte den Entwurf eines einstöckigen und besonders langgestreckten Satteldachhauses. Gleichzeitig aber galt es, nicht nur eine zeitgemäße Interpretation der traditionellen Hausgestalt zu erarbeiten, sondern auch für ein sympathisches, fröhlich zugewandtes Auftreten zu sorgen, handelt es sich doch um einen Ort der Entspannung und des freizeitlichen Miteinanders – auch mit den Dorfnachbarn. Zuerst wurde eine kostengünstige und energetisch optimierte Bauweise gewählt: einschalige Wände aus Poroton mit integrierter Wärmedämmung, die Decken aus Ortbeton. Einen Keller ersparte man sich, teilweise findet sich einfache Betonsichtigkeit und ungestrichener Putz, ein simples, der ländlichen Nutzung entsprechendes Parkett wurde verlegt, und die Dachfläche trägt nun eine kleine Solarthermieanlage. Deren Leistung ergänzt eine Gastherme für sichere Heizung und Warmwasser an kühlen Tagen. Während das Erdgeschoss eine Fußbodenheizung erhielt, wurden im Dach Heizkörper installiert. Die Kosten einer Garage und eines Ateliers verschob man auf eine spätere Bauphase. Trotz aller Ökonomie aber soll das Haus in Brodowin auch gefallen. Hierfür spendierte man ihm eine eindrucksvoll schwarze Fassade aus grobem, mineralischem Edelkratzputz, die Fenster wurden in wunderbare grell weiße Rahmen gesetzt, denen kleine Holzpodeste vorgesetzt sind. Die hölzerne Haustüre wurde transparent lasiert. Der zumeist schlicht weiß gehaltene Innenraum geizt ebenfalls nicht mit Attraktionen für die bis zu 10 Bewohner, die in den vier Schlafzimmern unterkommen. Sie können eine Sauna sowie ein stimmungsvolles Bibliothekszimmer mit Kamin genießen. Mittelpunkt des Hauses aber ist seine zentrale, bis zum Giebel hochreichende Halle, in der trefflich gekocht und gegessen werden kann – wohl nach Brandenburger Art.

Lageplan

▲▲ Im Schnee verstärkt sich die Wirkung der charakteristischen Außenfarbe. Die weißen Fenster- und Türrahmen finden jetzt ihren Widerpart.

▲ Die Großform des Hauses bemüht sich um den Kontext und fügt sich in das Ortsbild ein – ohne auf starke Individualität zu verzichten.

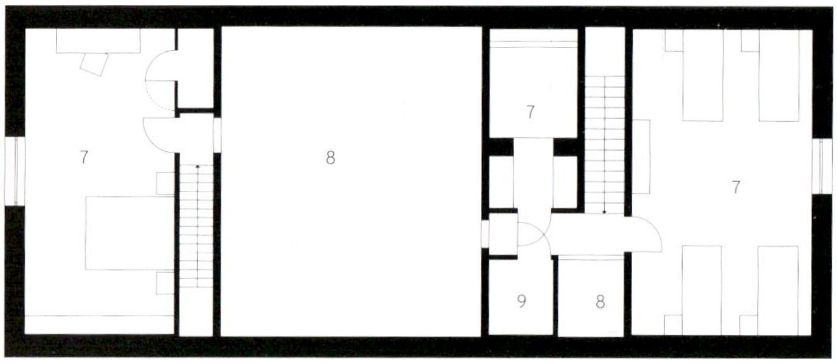

Obergeschoss M 1:200

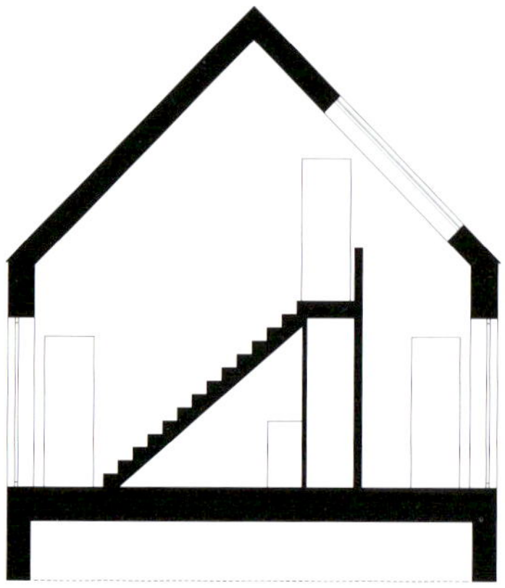

Schnitt M 1:200

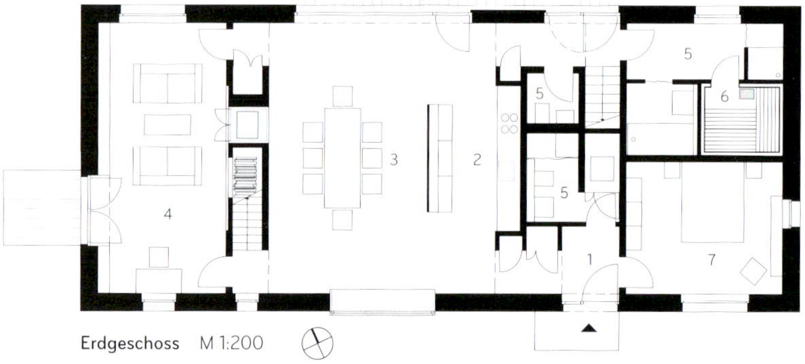

Erdgeschoss M 1:200

1 Zugang
2 Kochen
3 Essen
4 Wohnen
5 Bad/WC
6 Sauna
7 Schlafen
8 Luftraum
9 Lager

▶
Wie früher die Diele übernimmt die Halle in der Mitte des Gebäudes die Aufgabe des gemeinschaftlichen Wohnraums. Die Öffnungen in der Wand gehören zum Kamin und belichten unter anderem die Treppe nach oben.

▲
Die Wohnhalle wird von der großen Wohnküche dominiert. Sie ist alltäglicher Arbeits- und Versammlungs-, aber auch Feierraum.

◀
Für die ruhigen Stunden sorgt das traditionelle Bibliotheks- und Kaminzimmer – aber auch hier in zeitgenössischem, verspielt eigenwilligem Design.

▼
Der langgestreckte Baukörper bietet nicht nur Platz, sondern erlaubt auch eine sinnvolle Organisation der internen Funktionen. Hier die Gartenseite mit der Terrasse.

18 JURI TROY ARCHITECTS

Haus unter den Eichen

juri troy architects | Haus unter den Eichen Standort **Eichgraben/NÖ (A)** Bauzeitraum **Oktober 2012 – Juni 2013**
Bauweise **Holzriegelbauweise** Grundstücksgröße **913 m²** Wohnfläche **100 m²** Zusätzliche Nutzfläche **28 m²** Anzahl der Bewohner **3** Reine Baukosten **245.000 €**
Baukosten pro m² Wohn-/Nutzfläche **2.450/1.900 €** Gesamtbaukosten **270.000 €**

Lageplan

▲ Vor den beeindruckenden Silhouetten der hohen Bäume wirkt das Holzhaus wie ein gerade gelandetes freundliches Raumschiff – aus Holz!

LEICHTIGKEIT DES HOLZBAUS

Der Architekt spricht von einem »Prototypen für kostengünstiges Wohnen bei minimalstem Energiestandard«, wenn er dieses Haus vorstellt – mit Berechtigung. Der interessierte Betrachter sieht eine faszinierend leicht wirkende, längsrechteckige, 100 m² große Holzschachtel mit integrierter Loggia, in der sich das Wohnen des jungen Bauherrenpaars samt ihrem Buben abspielt. Entspannt im Grünen gelegen, auf einer abschüssigen Wiese mit altem Baumbestand im Rücken, sitzt sie wie natürlich gewachsen mit ihrer Mitte auf einem nur von außen zugänglichen Kellerfundament. Ihr südöstliches Ende kragt auf sechs Stützen weit vor, sodass ein Unterstand entsteht, den man für Werkeln und Freizeit in der frischen Luft nutzen kann. Es reicht darüber hinaus sogar noch für einen Autounterstellplatz. Auftraggeber und Architekt entschlossen sich aus Kostengründen und im Sinne einer aktiven Umweltverantwortung für Holzarchitektur aus regionalem Baumaterial. Für das als akkurater Längskasten mit einer Flächengliederung aus vertikaler Lattung entworfene Bauwerk wurde eine Konstruktion in Holzriegelbauweise mit vorgefertigten Holzelementen umgesetzt. Um den bereits in der Planvorgabe aufgenommenen Passivhausstandard mit einem jährlichen Heizwärmebedarf von nicht mehr als 9 kWh/(m²a) noch unterschreiten zu können, bedurfte es einerseits einer effektiven Dämmung der Flächen, was mittels einer bis zu 60 cm dicken eingeblasenen Holzwollefüllung erreicht wurde, andererseits einer entsprechenden energetischen, aber bezahlbaren Qualifizierung: Zum Einsatz kommen eine Wärmepumpe mit Erdkollektor, Photovoltaik-Paneele in einer Größe von 10 m² sowie eine kontrollierte Wohnraumlüftung mit Wärmerückgewinnung. Doch auch die Ästhetik beanspruchte ihre Aufmerksamkeit: Während das Haus außen im Naturton auftritt, wurde die Wandverkleidung innen zur atmosphärischen Differenzierung und – um die Helligkeit der Räume zu verstärken – mit weiß pigmentiertem Öl eingelassen. Den experimentellen Charakter des Entwurfs begründet auch der eigenwillige Grundriss des Kastens, dessen Außenhaut sich auf zwei Dritteln der West- und an der Südwestseite zu einem »vertikalen Filter« öffnet, um eine Loggia sowie den Hauseingang aufzunehmen. Eine intelligente Taktik, die es ermöglicht, jene so überzeugend konsequente geometrische Großform des Gebäudes nicht zu irritieren. Auf genial günstige wie praktische Weise bildet sich dabei eine gestalterische und auch räumliche »Schnittstelle« zwischen Gelände und Artefakt. Das Interieur, in dem Windfang mit Gästetoilette, offene Küche, Bad und Kinderzimmer wie eingefügte Komponenten angeordnet sind, wurde als »Raumabfolge mit sogenannten Funktionsnischen« konzipiert, die bis auf die Gästetoilette ganz ohne Türen auskommen. Zwischen dem Wohn-/Essbereich und dem talseitigen Elternschlafzimmer besetzt ein langgezogenes tiefes Schrank- und Regalsystem die Nordwand, in dem alle Utensilien der Familie dauerhaft oder temporär unterkommen.

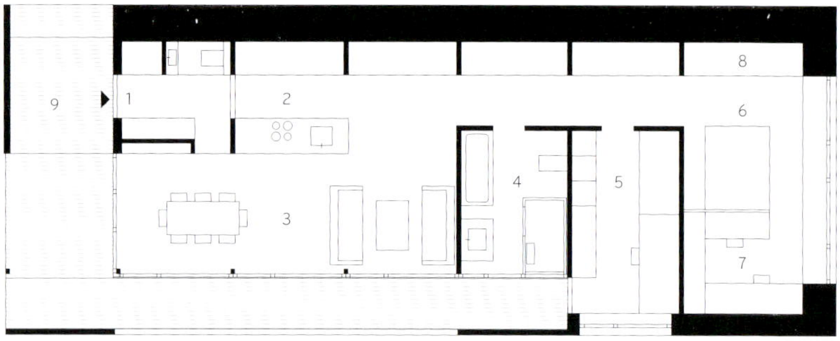

1 Zugang
2 Kochen
3 Wohnen/Essen
4 Bad mit Sauna
5 Kind
6 Eltern
7 Arbeiten
8 Ankleide
9 Terrasse
10 Keller
11 Carport

Erdgeschoss M 1:200

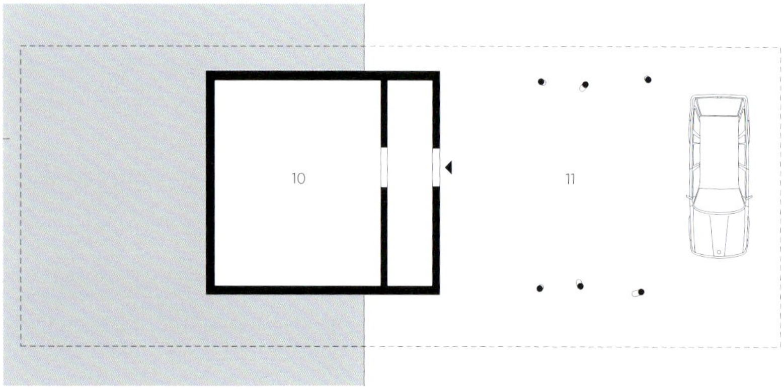

Untergeschoss M 1:200

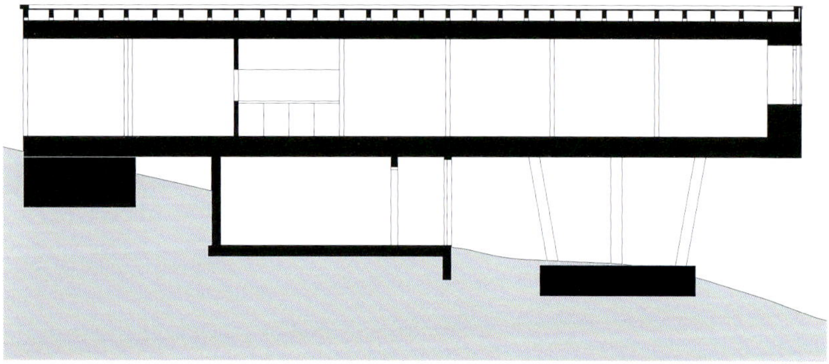

Schnitt M 1:200

▲
Die Überkragung schafft Raum für den Carport. Die runden Holzstützen werden zu einem eigenständigen Motiv des Entwurfs.

▶
Trotz seiner pavillonartigen Verglasung mit wertvollem Ausblick ins Grüne garantiert das Haus einen hohen Dämmstandard.

◀
Wie auch der Schnitt zeigt, reagiert der Entwurf mit kluger Reduktion der konstruktiven Mittel auf die Hanglage – ein kleines Fundament links, ein zentraler Kellerraum und sechs Stützen.

▼
Entlang der inneren Nordwand wurde ein langes Schrank- und Regalsystem installiert, das die unterschiedlichsten Aufgaben übernimmt.

▼
Vor Eingang und Garderobe (rechts) erhielt die partiell umlaufende Veranda eine geschlossene Wand, die als externes Schuhregal genutzt wird.

▼
Vor dem verglasten Wohnbereich öffnet sich die Außenschicht des Hauskörpers für einen langgestreckten Balkon.

bsarchitektur | Haus Berthoud Standort Kusterdingen-Wankheim (D) Bauzeitraum November 2009 – Mai 2010 Bauweise Holzrahmenbauweise
Grundstücksgröße 480 m² Wohnfläche 153 m² Zusätzliche Nutzfläche 29 m² (+ 25 m² Garage) Anzahl der Bewohner 4
Reine Baukosten 247.500 € (inkl. 30.000 € Eigenleistung) Baukosten pro m² Wohn-/Nutzfläche 1.823 € Gesamtbaukosten 279.000 €

GUT AUS TRADITION

Wer auf dem Land nach wertvollen Lebensratschlägen sucht, der wird sie finden. Vielleicht nicht gerade in Bezug auf eine High-Tech-Welt, sicher aber, wenn er sich für das sogenannte »Nachhaltige« interessiert, für einfache, praktikable Lösungen, für wertschöpfende Dauerhaftigkeit und letztlich auch für die Ökonomie des Regionalen. Das altwürttembergische Land um Tübingen profitiert zwar von der jungen innovativen Universitätsstadt, lebt aber auch mit seinen bewährten Traditionen und Formen. Typische Architekturen sind schlichte Satteldachhäuser mit auskragendem Ziegeldach und Schlagläden, mal verputzt, mal fachwerksichtig – auch im Dorf Wankheim und in der ins Feld ausstrebenden Straße, an dem der Bauherr mit seiner Familie das Haus baute. Es steht etwas nach hinten aus der Flucht gezogen, um an der straßenzugewandten Südseite Platz für eine Wiesenfläche und Terrasse zu erzeugen. Im Erdgeschoss umzieht das zweieinhalbstöckige Gebäude ein weiß verputzter Anbau, der vorne die Wohnküche erweitert, seitlich den geschützten Eingang ausbildet und rückwärtig einen großen Werk- und Lagerraum schafft, der auch als Garage nutzbar ist – dieser Annex mit seinem von Kräutern, Gräsern und Stauden bewachsenen Flachdach ersetzt den Keller. Das Bauherrenpaar mit seinen Kindern genießt im Innern eine ergonomische Grundrissanlage mit individuellen Rückzugsräumen und Gemeinschaftsflächen für ein lebendiges Zusammenleben. Dank des Anstrichs der Innenwände in weißem Streichputz sowie der hellen Vollholzdielenfußböden aus Hainbuche verteilt sich das Tageslicht bestens. Bei zu viel Sonne bieten dann die markanten vertikalen Schlagläden der Frontseite eine willkommene Verschattung. Gemäß der Fortschreibung alter Gewohnheiten reagiert die Hausform des Hauptgebäudes auf den Vorgängerbau, einen giebelständigen Farrenstall mit Scheune. Der dem ökologischen Bauen verpflichtete Architekt wählte für den Entwurf eine innovative Holzrahmenbauweise mit massiven Brettschichtholzdecken aus Fichte und legte dabei Wert auf primär nachwachsende Baustoffe wie Holz, Hanf oder Lehm. Das Regenwasser der Dächer wird in einer Zisterne gesammelt und fließt in die WCs. Auch die Bewältigung des erwünschten Wärmeangebots des KfW-Effizienzhaus 40 mit seinem jährlichen Primärenergiebedarf von 20 kWh/(m²a) ist ausgeklügelt organisiert: im Zentrum des Hauses befindet sich ein Grundofen, der über eine Hypokaustenverteilung nach römisch-antikem Verfahren seine zusätzliche Strahlungswärme durch Röhren im Haus verteilt. Als positiv für die Diffusion erweist sich auch die stockwerksübergreifende Offenheit im Bereich der Treppe, die sich bis zum Giebelraum erstreckt. Eine zusätzlich installierte, 16 m² umfassende Solaranlage auf dem Dach übernimmt die Brauchwassererwärmung und entspricht dem Prinzip der kostenbewussten Energieoptimierung.

Lageplan

▲ Viel zu wenige Neubauten erhalten aufgrund örtlicher Bauvorschriften die Möglichkeit, eine solch gestaltbezogen aufrechte Haltung einzunehmen.

BSARCHITEKTUR **19**

Haus Berthoud

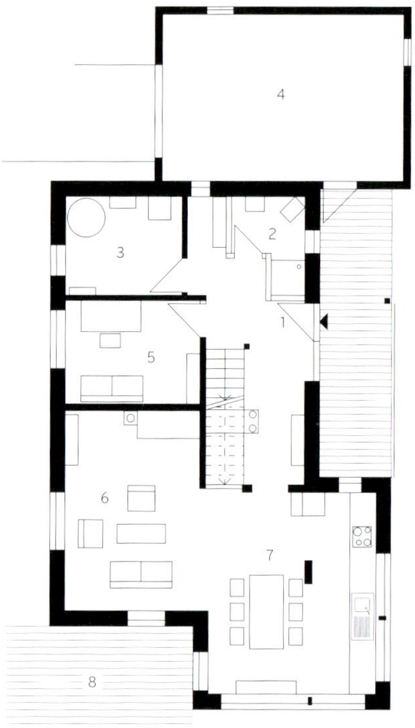

Erdgeschoss M 1:200

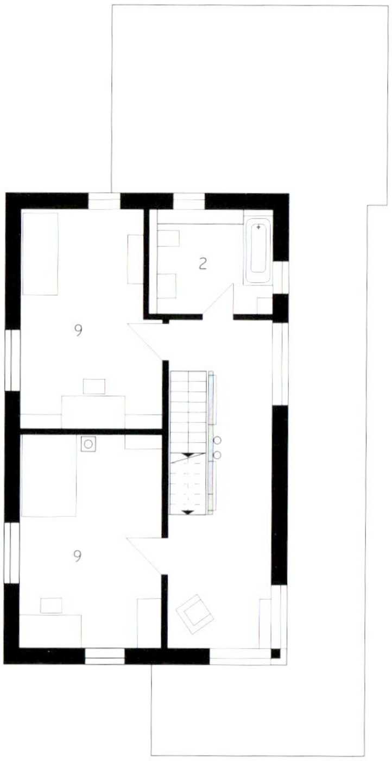

Obergeschoss M 1:200

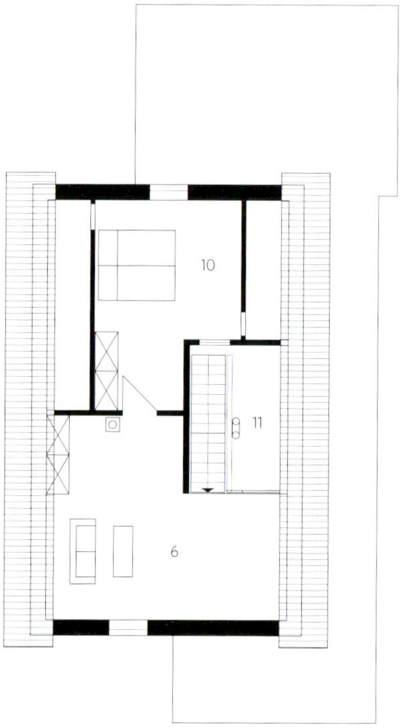

Dachgeschoss M 1:200

1 Zugang
2 Bad
3 Technik
4 Garage
5 Arbeiten
6 Wohnen
7 Kochen/Essen
8 Terrasse
9 Kind
10 Eltern
11 Luftraum

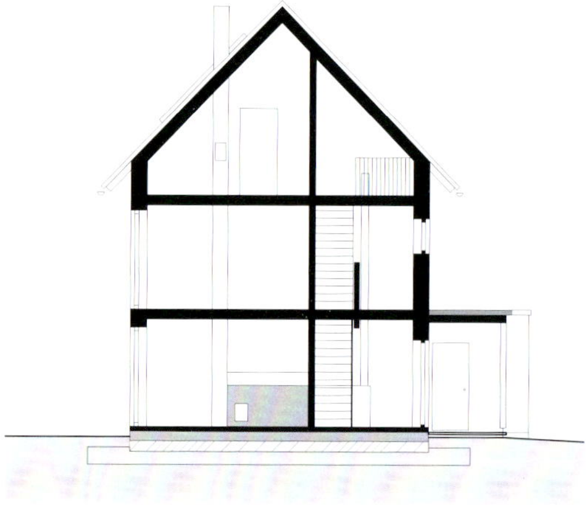

Schnitt M 1:200

▼

Dem Architekten war es wichtig, Fenster exakt dort einzusetzen, wo sie benötigt werden.

◀

Die kleine Südterrasse vor der Küche im rechten Anbau. Hinter den Latten befindet sich das Fenster zum Wohnzimmer.

▶
Bei Dunkelheit schimmern die mit Läden verschlossenen Fenstertüren der drei Geschosse durch die Fassadenwand.

▼
Zwischen dem Küchenanbau (links) und der Garage (rechts) erzeugt die offene Holzveranda den Eingangsvorbereich und eine praktische Abstellfläche für Räder und Holz.

◀

Unter der Kastentreppe befindet sich der Grundofen, die zentrale Wärmequelle des Hauses.

◀◀

Vom Grundofen steigt die Wärme durch zwei große, frei im Raum des Treppenhauses bis zum Dachstuhl aufstrebende Rohre, die sich oben verbinden.

▶

Eine zeitgemäße und innovative Architektur kombiniert nachhaltige Materialien mit idealen konstruktiven Methoden. In deren harmonischer Gestaltung steckt dann die Kür.

▼

In der Wohnküche verbinden sich Satteldachhaus und niedriger Anbau. Der Betonpfeiler und die aufeinander zulaufenden Deckenbalken tragen die Südostecke des Holzhauses.

▶

Im Giebelgeschoss läuft das Treppenhaus in einer Galerie aus. Unten links sieht man den Endbogen der Heizungsrohre.

◀

Der zentrale, wie ein Hypokaust arbeitende Ofen wird vom Wohnzimmer aus beheizt. Sein Korpus verlängert sich durch die (weiße) Wand bis in das Treppenhaus. (siehe Bild S. 114)

▼

Auch im ersten Stock bietet der breite Flur einen Aufenthaltsbereich. Der durchgehende Vollholzboden aus Hainbuche unterstützt die Behaglichkeit solcher Zonen.

20 BAULAMPE ARCHITEKTEN

Wohnhaus G.

baulampe architekten | Wohnhaus G. Standort **Bielefeld-Senne (D)** Bauzeitraum **August 2008 – April 2009** Bauweise **Massivbau**
Grundstücksgröße **523 m²** Wohnfläche **125 m²** Zusätzliche Nutzfläche **60 m²** Anzahl der Bewohner **3** Reine Baukosten **205.000 €**
Baukosten pro m² Wohn-/Nutzfläche **1.640 €** Gesamtbaukosten **245.000 €**

Lageplan

▸ Ein formal extrem reduziertes Gebäude muss nicht ohne Spannung sein: Dafür sorgt hier die Vielfalt der Fenster.

◂ Ein Leitmotiv des Entwurfs ist das übereck gesetzte Fenster – unten führt es Licht in die Wohnebene, oben in das Arbeits- und Gästezimmer.

KUBISCHE PERFORATION

Das berühmte Bauhaus hat es schon sprichwörtlich werden lassen: das Haus als weißer Quader. Die Architektur spielt bis heute gern mit diesem Motiv, das so viele Möglichkeiten der Gestaltung anbietet – auf der Basis einer starken stereometrischen Formaussage. Und selbst die Bauhausmeister nahmen es damals schon bald nicht mehr so dogmatisch. Hinter jener progressiven Reform des Wohnhauses in den 1920er Jahren jedoch steckte eine ernste Absicht, die auf die Verpflichtung der Architektur abzielte, dem Menschen einen zeitgemäßen, funktionalen und bezahlbaren Wohnbau anzubieten.
Der neuartig sachliche Umgang mit dem Domizil entwickelte einen immer noch geschätzten Typus: eine klare, kompakte Großform des Baukörpers – ohne großen Aufwand zu bauen und energetisch günstiger –, ein Flachdach anstelle eines kaum nutzbaren Dachstuhls, schlichte und funktionale Grundrisse, helle und leicht zu pflegende Oberflächen innen wie außen, günstige Standardelemente für Konstruktion und Fenster ... Und schon sind wir gleichsam in der Baubeschreibung des 2009 in einem Bielefelder Stadtteil fertiggestellten Hauses, das hier vorzustellen ist. In seinem intelligenten Konzept verbinden sich die fortschrittlichen Ideen der Moderne ebenso wie eine vernünftige planerische Reaktion auf die Vorgaben der Bauherren: ein Wohnhaus für drei Personen auf einem kleinen Grundstück innerhalb einer Siedlung aus den 1960er Jahren, preiswert zu erstellen und ökonomisch zu bewohnen. Der weiß verputzte Rechteckkasten mit seinen gut detaillierten und schön proportionierten Fensterelementen verhält sich zur Straße eher geschlossen und zum Garten hin zugänglich. Spannungsvoll verteilen sich die Fenster, die auch einmal bis in die Dachfläche hineingezogen werden. Der sehr konzentriert wirkende Entwurf setzt dies im überaus freundlich hellen Interieur fort, wo trotz begrenzten Budgets sogar ein Keller mit drei Abstellräumen angeboten wird.
Im Erdgeschoss zieht sich die Eingangszone mit Treppe, Garderobe und Gästetoilette bewusst eng in eine Ecke des Grundrisses, um dem Wohn-/Essbereich möglichst viel Bewegungsraum zukommen zu lassen. Die obere Etage verfügt über ein Kinderzimmer, ein Arbeits- und Gästezimmer, einen eigenen Hauswirtschaftsraum sowie eine atmosphärisch angenehme Durchsicht nach unten – für diesen Raumbedarf reduzierten die Eltern die Fläche ihres Schlafzimmers.

▲

Bei kleineren Häusern verfügen Verteilerzonen wie Eingangsbereich und Treppe über wenig Fläche. Hier benötigt man viel Licht und planerisches Einfühlungsvermögen.

▼

Einzigartig ist das Eckfenster über der Treppe. Es zieht sich von der Seitenwand bis in die Dachfläche.

1 Zugang
2 Garage
3 Kochen/Essen
4 Lager
5 Terrasse
6 Wohnen
7 Hauswirtschaftsraum
8 Bad/WC
9 Eltern
10 Kind
11 Technik

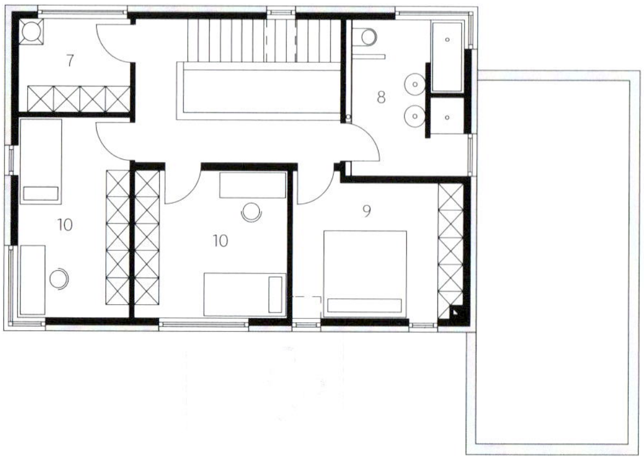

Obergeschoss M 1:200

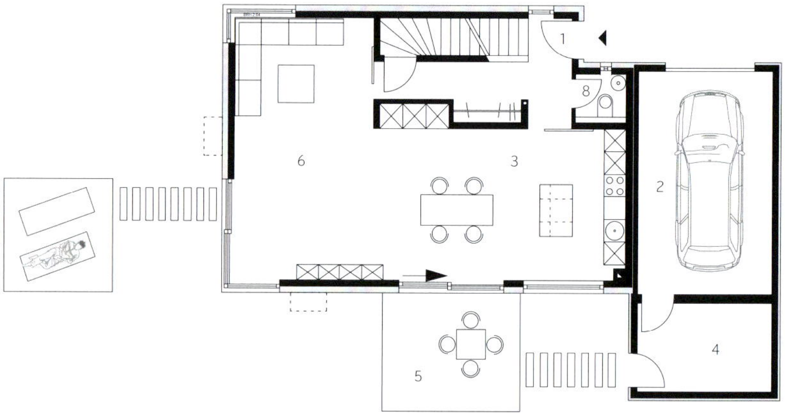

Erdgeschoss M 1:200

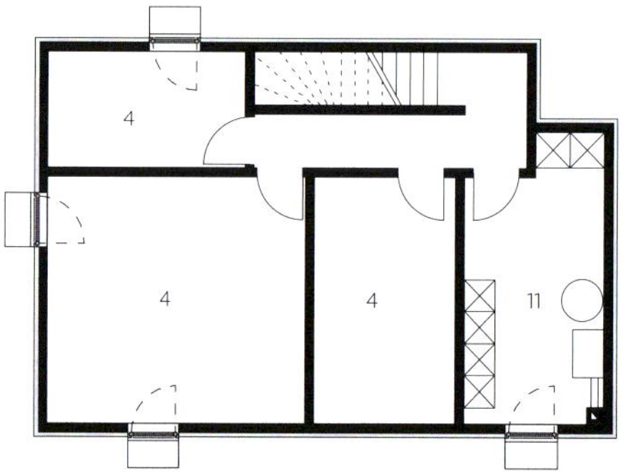

Untergeschoss M 1:200

◄◄

Dank der kreativen Qualität des Entwurfs tritt der weiße Quader des Hauses mit hohem Gestaltungsanspruch nach außen.

◄

Das kleine, hoch gesetzte Fenster gewährt die notwendige Abschottung zur Straße und vermeidet gleichzeitig eine dämmrige Ecke im Wohnbereich.

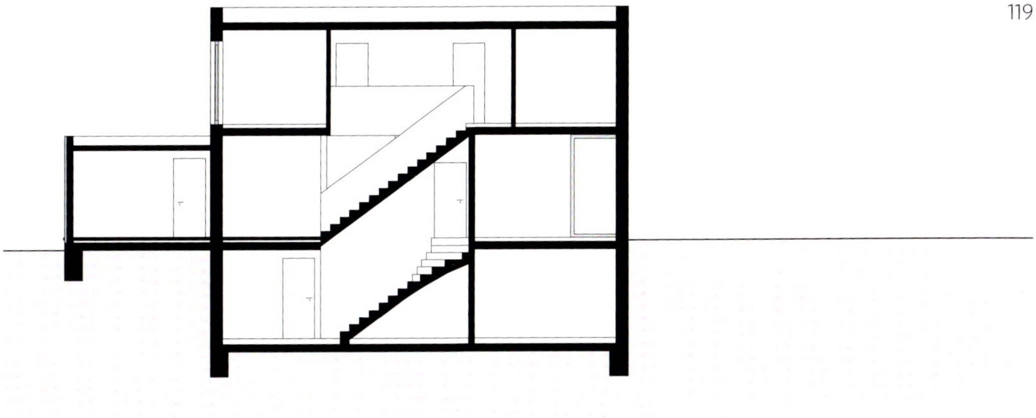

Schnitt M 1:200

▶
Dank des hier nicht sichtbaren, bis in das Dach gezogenen Fensters und der Holzstufen geriet das kleine Treppenhaus zu einer Verbindungszone mit eigenem Reiz.

▶
Da die Küche ein Teil des fließenden Wohnraums ist, sollte sie sich zurückhaltend einfügen. Ihr genügt ein kleines Fensterband, das neben der Entlüftungsfunktion präzise für den Ausblick eingerichtet wurde.

▼
Der Wohnraum nimmt im hinteren Bereich die Küchentheke und den Essplatz auf. Ihn dominieren die weiße Raumästhetik und ein schöner Bohlenboden.

21 KIRSCHNICK ARCHITEKTUR

Kleines Haus in Solingen

kirschnick architektur | Kleines Haus in Solingen Standort **Solingen (D)** Bauzeitraum **Oktober 2012 – Oktober 2013**
Bauweise **Massivbau** Grundstücksgröße **350 m²** Wohnfläche **121 m²** Zusätzliche Nutzfläche **23,5 m² (Garage)** Anzahl der Bewohner **3**
Reine Baukosten **ca. 153.000 €** Baukosten pro m² Wohn-/Nutzfläche **ca. 1.264 €** Gesamtbaukosten **ca. 218.000 €**

KLEINHAUS VOM FEINSTEN

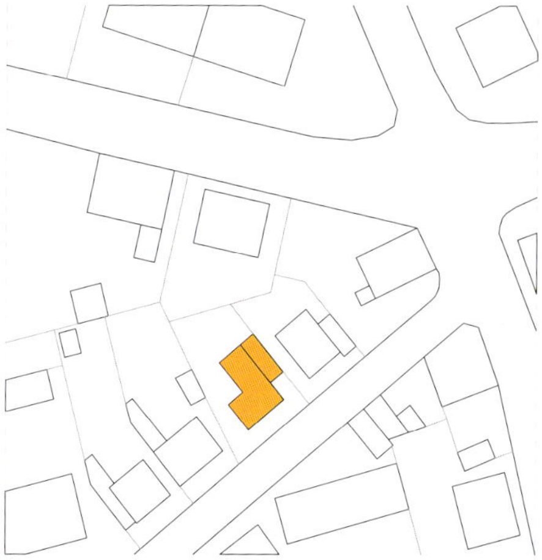

Lageplan

Mit seinem dunklen Grau, das die für Solingen typische Schieferfassade aufgreift, und seinem kleinen, erstaunlich kompakten und dennoch gestalterisch sehr starken Baukörper, stellt sich das Haus augenfällig in einen spezifischen Kontext. Es handelt sich um den Urtyp des Stadthauses des 19. Jahrhunderts, das sich bis heute noch in unzähligen innenstadtnahen Wohn- und Gewerbestraßen finden lässt, als zwei- oder dreistöckiges Backsteinhaus, verputzt oder steinsichtig, mit kleinem Giebel und sparsamer Bauzier. Kirschnick Architektur bietet uns damit eine kluge Wiederaufnahme eines seit Generationen bereits bestens funktionierenden Hauskonzepts an: Damals schon wurde die knappe Grundstücksfläche optimal ausgenutzt, erhielt das Haus ein ergonomisch und ökonomisch exakt dimensioniertes Volumen und lag verkehrstechnisch sowohl verhältnismäßig ruhig als auch zentral. Der neue Nachfahr nun übernimmt diese Qualitäten. Sein Dekor reduziert sich auf das elegante Zusammenspiel von noblem Anthrazit und weißen, glatt geputzten Fensterlaibungen. Gleiches gilt für die puristische Kombination aus Frontgiebel und auf Kontur gesetztem Ziegeldach sowie die an jeder Stelle passgenau proportionierten Öffnungen. Zum Gestaltungsmotiv werden auch die individuell angefertigten, verzinkten U-Profile der Regenrinnen, die das Wasser offen nach unten führen und in Abläufe tropfen lassen. Dass es dabei – ohne die seitlich sitzende Garage und die Eigenleistung bei Bodenbelags-, Fliesen- und Malerarbeiten – nur wenig über 200.000 Euro kostet, verdankt es der detaillierten Projektführung durch die Architekten, aber auch dem Verzicht auf den Keller. Immerhin bietet der Grundriss ein helles Wohn-/Esszimmer, das sich auf eine 22 m² große Terrasse hin öffnet, die im blickgeschützten Winkel des L-förmigen Solitärs sitzt. Die clever mit einem Lagerraum verbundene Treppe bildet mit einer familienfreundlichen Verteilerzone und der offenen Küche den mittleren Bereich des Erdgeschosses, das der Hauswirtschaftsraum und ein Gästebad ergänzen. Oben folgen dann zwei angenehm bemessene Schlafzimmer mit Bad und einem zusätzlichen, je nach Bedarf als Arbeits-, Gäste- oder Kinderzimmer nutzbaren weiteren Raum auf der Straßenseite. Entsprechend der städtebaulich sinnvoll verdichteten Lage des Hauses wurde auf seitliche Fenster verzichtet. Das knappe Budget beantwortete der Entwurf im Innern mit einer ausdrucksstarken Ästhetik aus wenigen, aber dafür authentischen Komponenten: weiße Putzwände, Sichtbetondecken und ein minimalistisches Leuchtendesign in Gestalt eingeschraubter Glühlampen.

▲▲ Die Kubatur des Hauses wirkt aufgrund ihrer Dimensionierung und der kleinen Giebel ungemein sympathisch.

▲ Dies liegt aber auch an der elementaren Konzeption und der alles zusammenfassenden starken Wandfarbe.

Schnitt M 1:200

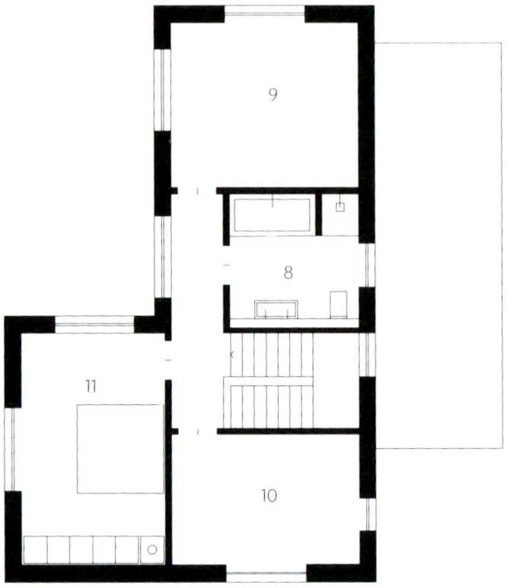

Obergeschoss M 1:200

1 Zugang
2 Hauswirtschaft
3 Kochen
4 Terrasse
5 Essen/Wohnen
6 Lager
7 Garage
8 Bad/WC
9 Kind
10 Arbeiten
11 Eltern

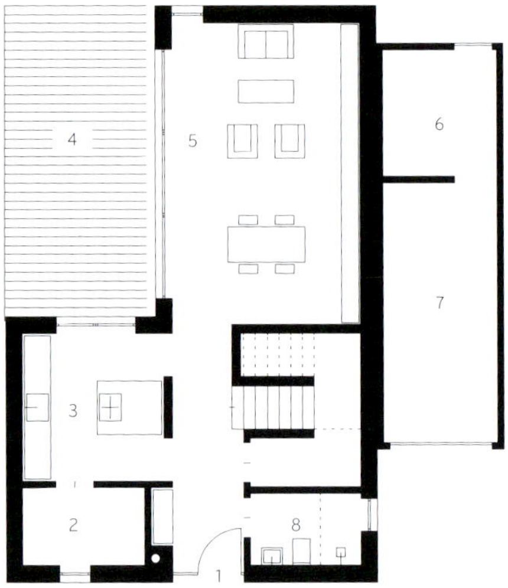

Erdgeschoss M 1:200

▼
Die spezifischen Details demonstrieren eine Architekturauffassung mit Anspruch.

◀
Rückwärtig bildet sich ein Winkel mit großen Glasflächen, während Schlafzimmer und Flur im Obergeschoss hohe Bandfenster erhalten. Sie verfügen dafür aber über riesige Öffnungen in den Giebelseiten.

◀
Essen und Wohnen finden im Gartenflügel Platz. Überall herrscht geschmackvoller Minimalismus – sogar bei der Beleuchtung.

▶
Blick von der Küche mit praktischem Küchenblock in Richtung Treppe. Die noch anzulegende Terrasse im kleinen Garten ist über Glastüren angeschlossen.

22 AHAD ARCHITEKTEN

Haus am Feld

AHAD Architekten | Haus am Feld Standort **Braunschweig (D)** Bauzeitraum **September 2011 – Juni 2012** Bauweise **Massivbauweise** Grundstücksgröße **645 m²** Wohnfläche **160 m²** Zusätzliche Nutzfläche **35 m²** Anzahl der Bewohner **5** Reine Baukosten **251.000 €** Baukosten pro m² Wohn-/Nutzfläche **1.570/1.290 €** Gesamtbaukosten **290.000 €**

Lageplan

ZUGEWINN DURCH FORMREDUKTION

Ein nüchtern-sachliche Planer hätte es fast genauso gemacht. Dennoch bewegt sich dieser Entwurf um einige maßgebliche Aspekte weg von einer rein rationalen Konzeption. Deren Basis erkennt man auf den ersten Blick: Es ist der berühmte Kastenbautyp, praktisch orthogonal und dank Flachdach und Verzicht auf das kostenträchtige Kellergeschoss günstig zu erstellen – verwendet wurden Stahlbeton für Boden, Decken- und Dachplatten sowie hochgedämmtes Ziegelmauerwerk. Seine Färbung im Äußern und Innern entspricht mit ihrer subtilen Tönung in »hell-warmem Lehmgrau«, wie es die Architektin charakterisiert, unseren Vorlieben für das Freundlich-Helle und verleiht dem Gebäude selbst an trüben Wintertagen eine angenehm offene Wirkung. Das Büro bearbeitete diesen Ausgangstyp jedoch weiter, ging es doch nicht nur um ein ästhetisch angemessenes, praktisches und preiswertes Haus, sondern darüber hinaus um ein Unikat, das sich der Familie als passgenaues und einzigartiges Domizil zuwenden sollte. Erste Entscheidung war, den klassischen glatten Putz – der über der konstruktiven, 6 cm starken mineralischen Dämmschicht liegt – mittels einer horizontalen Besenstrich-Schraffur zu individualisieren. Des Weiteren charakterisiert den Entwurf die Differenz zwischen dem oberflächlichen visuellen Eindruck und den Grundrissen: Was scheinbar als massiver rechtwinkliger Block vor uns steht, differenziert sich überall zu spezifischen, auf den Wohnvorgang eingehenden Sonderlösungen. An den Stellen, an denen man heraustritt, zieht sich der Baukörper wie ein reagierender Organismus ein wenig ein – an der Haustüre und entlang der Terrasse. Dadurch verliert er seinen eigentlich rechteckigen Grundriss und wird zur Garage hin auf räumlich vermittelnde Weise deutlich schmaler. Diese funktionale Beziehung des Hauses mit seinem kleinen Nebenbau symbolisiert die hölzerne Plattform, die alle unmittelbaren Vorbereiche des Wohnens aufnimmt und identisch ist mit dem Baumaterial der einfachen Garage, in der ein separierter Abstellraum samt Fahrradabstellplatz integriert wurde. Ein dritter räumlicher Einzug – die noble kleine Loggia im Obergeschoss – erhielt eine hervorhebende dunkelrote Auskleidung. Ursprünglich war hier ein Patio vorgesehen, der aber nun – dank einer eingesetzten Holzdachkonstruktion baulich reversibel – für die glückliche Notwendigkeit eines dritten Kinderzimmers geschlossen werden musste. Die clevere Innendisposition erweist sich auch im Erdgeschoss, wo die seitliche Platzierung der Räume für Technik, Lager, Eingang und WC die limitierte Fläche für einen angenehm großen Wohn-/Essbereich frei macht. Das KfW-Effizienzhaus 70 ist mit einem jährlichen Primärenergiebedarf von 52 kWh/(m²a) zu nutzen, die Brauchwassererwärmung geschieht mittels Solarenergie.

▲ **Eine derart puristische Formensprache benötigt mindestens zwei Blicke, um sie aufzunehmen. Das macht ihre gestalterische Qualität aus.**

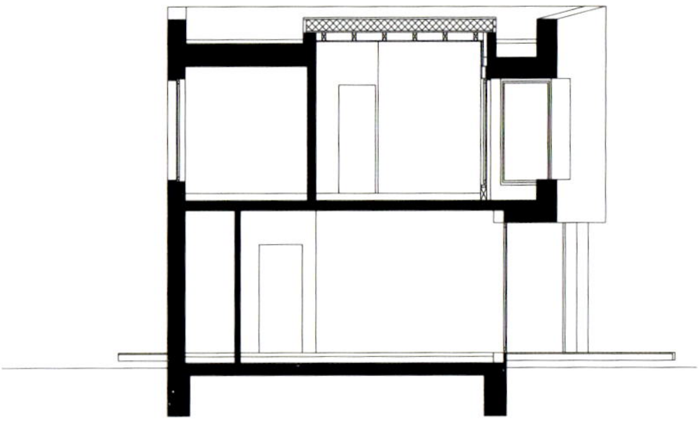

Schnitt M 1:200

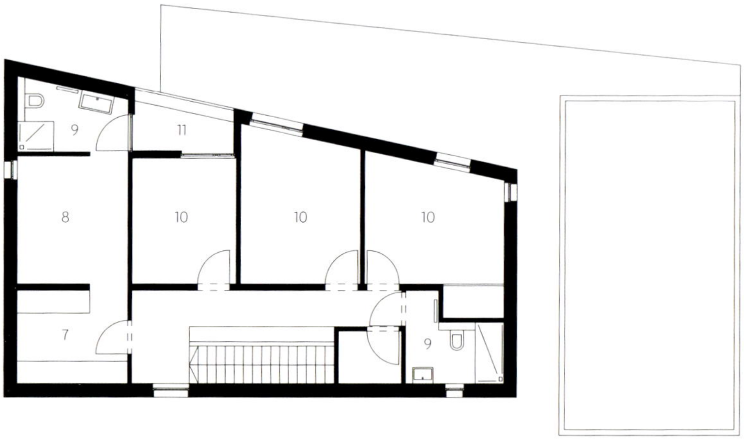

Obergeschoss M 1:200

1 Zugang
2 Gast
3 Wohnen/Essen/Kochen
4 Hauswirtschaftsraum
5 Terrasse
6 Garage
7 Ankleide
8 Schlafen
9 Bad/WC
10 Kind
11 Loggia
12 Lager

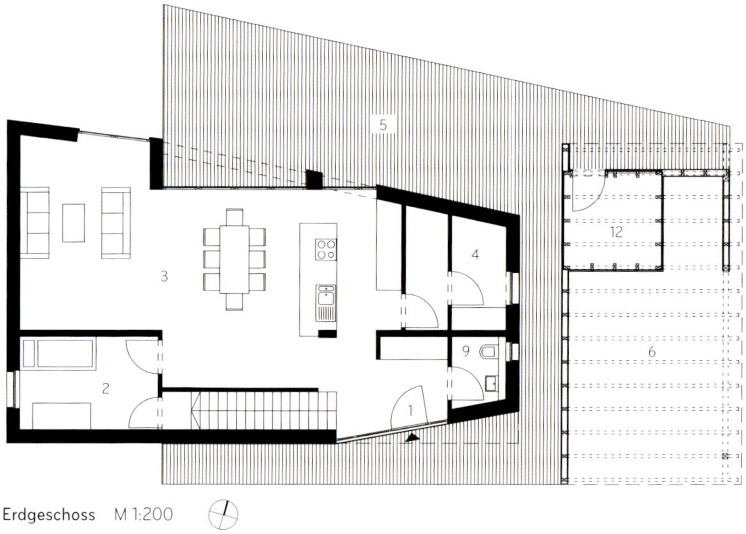

Erdgeschoss M 1:200

▼
Der seitliche Holzkasten der Garage verfügt über einen Abstellraum mit Tür zur Terrasse. Der Garten ist noch nicht angelegt.

▼
Zwischen Haus und Garage entstand eine kleine Gasse. Das Holzdeck der Terrasse läuft durch sie nach vorne weiter und bindet auch den Vorbereich des Eingangs ein.

▼

Der Eingangsflur geht unmittelbar in den Wohn-/Essbereich über. Die Treppe führt zu den Schlafzimmern im oberen Geschoss.

▼▼

Das Erdgeschoss lebt vom Raumfluss. Die zentrale Position erhält der längliche Küchenblock. Harmonisch verbinden sich die Hölzer von Parkett, Terrassendeck und Esstisch.

▼

Eines der Kinderzimmer im Obergeschoss erhielt ein zweites, übereck gesetztes Fenster. Dies vermeidet den Eindruck des Raumkastens, der sich leicht einstellt, wenn nur eine Seite befenstert wird.

▼

Das Obergeschoss erhielt zum Garten hin eine kleine Loggia. Die Glastür gehört zum Bad des Elternschlafzimmers.

23 JENS MEYERROSE ARCHITEKT

Haus Bruns

Jens Meyerrose Architekt | Haus Bruns

Standort **Meppen (D)** Bauzeitraum **September 2010 – Mai 2011** Bauweise **Massivbauweise**
Grundstücksgröße **767 m²** Wohnfläche **160 m²** Zusätzliche Nutzfläche **48,45 m²** Anzahl der Bewohner **4** Reine Baukosten **194.000 €**
Baukosten pro m² Wohn-/Nutzfläche **930,54 €** Gesamtbaukosten **305.500 €**

Lageplan

▲ Material und Form, Detail und Oberfläche – auch ein noch so guter Grundriss ist auf die Perfektion dieser Elemente angewiesen.

BILDHAFTER ENTWURF

Die Tatsache, dass ein Grundstück unmittelbar an einer nicht unbedingt verkehrsberuhigten Straße liegt, könnte die Begeisterung auf den ersten Blick ein wenig trüben, die sich angesichts des direkt angrenzenden Kiefernwäldchens eingestellt hatte. Es sitzt an der Nordkante des Areals und würde einen persönlichen Zugang zur Natur und gleichzeitig auch die gewünschte Privatheit des Gartens gewährleisten. Die junge Bauherrenfamilie und ihre Architekten Jens Meyerrose und Julia Wübben aber widmeten sich der kleinen Herausforderung mit der richtigen Einstellung: ihr neuer Lebensmittelpunkt sollte sich als selbstbewusste Architektur an der Straße postieren, so wie es früher üblich war, durch seine feste Form und einen schönen Giebel Haltung zeigen – eben ein richtiges Haus sein. Das in der Frontalansicht auf markante Weise filigran wirkende Ziegeldach schließt das Gebäude ohne Dachüberstand mit seinen großen glatten Flächen aus mattschwarzen Betondachsteinen, die auf jeder Seite lediglich ein zinkblechverkleideter Ausbau unterbricht, um das obere Stockwerk für die Bäder und den Flur großzügig zu belichten. Fast kinderbuchartig gipfelt der nordwestliche Giebel in einem Kaminaufsatz, der den Schlot des Wohnzimmerofens nach oben führt. Unter ihm stehen die dunkelbraun gerahmten Holzfenster in perfekter Symmetrie in der Fassade, die als zweischalig hinterlüftetes Verblendmauerwerk mit geschlämmten Klinkern ausgeführt wurde und dem Gebäude einen ebenso soliden wie kultivierten Eindruck verleiht. Formale Spannung erzeugt auf der Straßenseite das übereck geführte Küchenfenster, das zudem auf den sehr praktikablen Grundriss Hinweis gibt. Denn gerade die Küche nimmt mit ihrem kleinen Esstisch und viel Stauraum ein Drittel des Erdgeschosses ein. Ein typisches Motiv bildet die zentral im Haus und damit auch im Wohn-/Essbereich angeordnete Treppe, an die sich auf dem oberen Absatz ein kleiner Arbeitsplatz andockt. Hier, im Dach, wurden alle Fenster ohne Deckensturz gesetzt, um viel Licht an der Raumdecke entlang in die Zimmer zu führen. Symmetrisch ordnen sich vier Schlaf- und Kinderzimmer sowie zwei Bäder unter der Schräge an. Solcherart ideal behaust, vergisst man den Verkehr der Landstraße schnell. Ihr wendet sich lediglich der minimalistisch gehaltene Seitenflügel aus hellem Sichtbeton und Lärchenholz zu, der den Eingang überdacht und einen Doppelcarport sowie ein alles abschließendes Werkstatthäuschen aufnimmt.

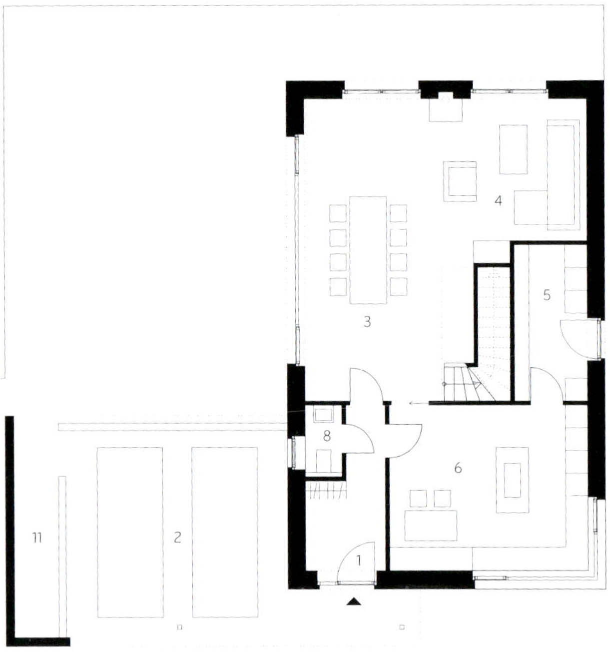

Erdgeschoss M 1:200

1 Zugang
2 Carport
3 Essen
4 Wohnen
5 Hauswirtschaftsraum
6 Kochen
7 Kind
8 Bad/WC
9 Arbeiten
10 Eltern
11 Abstellen

Obergeschoss M 1:200

▼
Durch die Kombination zweier gegensätzlicher Baukörper und Oberflächen erhält das Haus mit seinem charakteristischen Giebel einen spannungsvollen Auftritt.

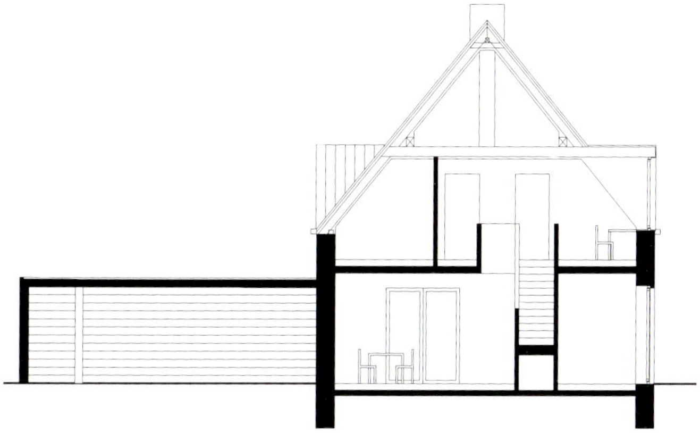

Schnitt M 1:200

▶

Die Treppe wurde mitten im Grundriss situiert. Dadurch entstand im Obergeschoss eine Galerie mit Arbeitsplatz. Sie befindet sich im Bild hinter der oberen Brüstung.

▼

Von der zentralen Diele aus, in der sich der Essplatz befindet, führt eine konventionelle Tür zum Eingang, eine Schiebetüre in die Küche.

◀

Das so prominent in der Hausfront sitzende Eckfenster gehört zur Küche. Es wurde auf die Höhe der Arbeitsplatte abgestimmt.

24 OYO – OPEN Y OFFICE

House GePo

OYO – Open Y Office | House GePo Standort **Wijgmaal (B)** Bauzeitraum **2012** Bauweise **Stahlstruktur + Betonpaneele**
Grundstücksgröße **500 m²** Wohnfläche **170 m²** Zusätzliche Nutzfläche **10 m²** Anzahl der Bewohner **2** Reine Baukosten **120.000 €**
Baukosten pro m² Wohn-/Nutzfläche **750 €** Gesamtbaukosten **150.000 €**

Lageplan

FLÄMISCHES IDYLL

Das mit der Erstellung eines kostengünstigen Wohnhauses beauftragte Büro OYO arbeitet mit seinen Architekten und Designern multidisziplinär und in vielen Gegenden der Welt. Vielleicht lässt sich auch solcherart die überraschend starke Gestaltsprache dieses Domizils für zwei Personen im belgischen Wijgmaal erklären. Es sitzt inmitten bestehender Bebauung und verhält sich dabei wie ein kleines Landhaus mit seinem romantisch verwilderten Garten und dem Teich, der die orthogonal argumentierende Architektursprache aufgreift. Trotz der schmalen Parzelle geht es darum, sich konzeptionell »offen« zu halten: »Der Garten ist das Wohnzimmer«, so die Übereinstimmung zwischen Bauherren und Architekten. Um aber auch die Privatheit der für das Wohnen notwendigen Rückzugszonen nicht zu vernachlässigen, trennt der Entwurf hier kategorisch zwischen dem visuell unmittelbar an das Außen angeschlossenen, bodentief verglasten Erdgeschoss, in dem nun das semiöffentliche Wohnen stattfindet, und dem Obergeschoss. Aufgrund des unmittelbar anschließenden Nachbarhauses und der daraus folgenden baulichen Geschlossenheit der Nordwand wurden alle dienenden Funktionen wie WC, Waschküche, Lagerraum, Küche und Treppe dorthin verschoben, wodurch sich ein fließender Wohnbereich für Entspannen, Arbeiten und Essen auf der Südseite ergibt. Das obere Stockwerk erfuhr seine Abschottung durch eine Umwandung aus Sichtbetonplatten. Es bietet den Bewohnern einen großen multifunktionalen Raum für Hobbys und improvisierte Gästeübernachtungen sowie das Schlafzimmer mit einem modular integrierten Bad. Dieses verfügt über zwei Schlitzfenster, die sich vertikal über der Badewanne und horizontal entsprechend der Augenhöhe in Liegeposition anordnen. Die designaffinen Architekten sahen bei ihrem Entwurf »keine Notwendigkeit für Ornamente«. Stattdessen vertrauten sie mit Erfolg auf die Wirkkraft charakteristischer Materialien und einer guten Detaillierung. Hieraus ergaben sich auch kreative Lösungen wie die der Symbiose zwischen I-Stahlträger und Regal, mit der sie auf die Bäume und den in der Nähe befindlichen Telegrafenmasten anspielen. Ein weiterer Stahlträger stützt die Kücheninsel gegenüber. Überzeugend wirkt zudem das Miteinander von linearen und flächigen Industrieoberflächen, dem lebendigem Holz der Fassaden im Erdgeschoss sowie dem weichen Grün der Gartensituation.

▲ In seinem verwilderten Garten wird das kleine Wohnhaus zu einem idyllischen, fast zeitlosen Objekt.

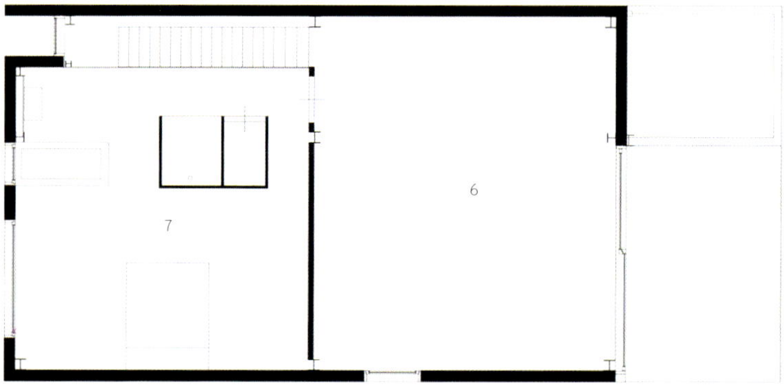

Obergeschoss M 1:200

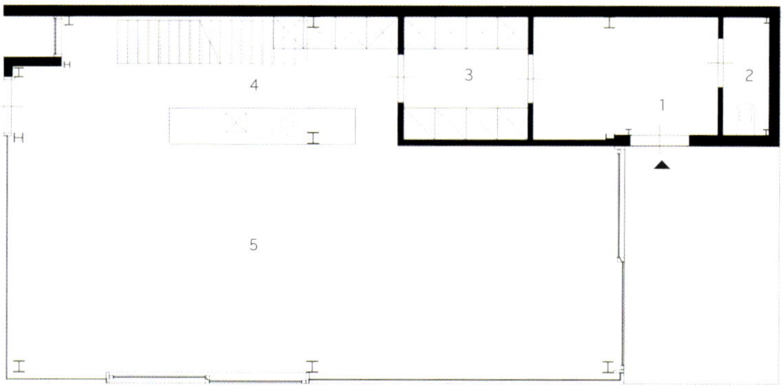

Erdgeschoss M 1:200

1 Zugang
2 WC
3 Lager
4 Kochen
5 Essen/Wohnen
6 Studio/Gast
7 Schlafen/Bad

▲
Das Wohnideal schlechthin: moderne Ästhetik mit technischem Komfort – angeschlossen an das Grün des Gartens.

▲▲
Das Erdgeschoss verfügt über fast keine Trennwände – Funktionszonen werden durch die Einrichtung gebildet. Die Außenwandung wird optisch fast aufgelöst.

◀
I-Profil-Träger stützen das Obergeschoss. Sie können aber auch in kreativer Weise für Wohnbedürfnisse genutzt werden.

▶
Während die Decke aus Betonplatten gebildet wird und Stahlträger stützen, wählten die Architekten für die Wände warmes Holz – innen und außen.

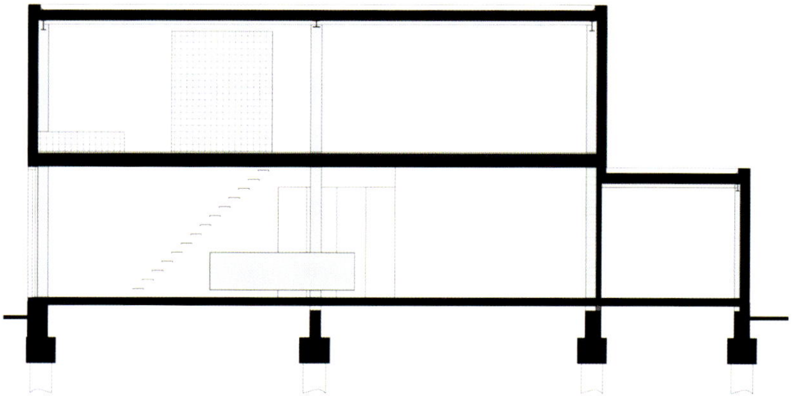

Schnitt M 1:200

25 MARTIN MOSTBÖCK

My Cousin's House – MCH

Martin Mostböck | My Cousin's House – MCH Standort **Oberpullendorf (A)** Bauzeitraum **2005–2009** Bauweise **Massivbauweise**
Grundstücksgröße **665 m²** Wohnfläche **150 m²** Anzahl der Bewohner **4** Reine Baukosten **225.000 €** Baukosten pro m² Wohn-/Nutzfläche **1.500 €**
Gesamtbaukosten **282.000 €**

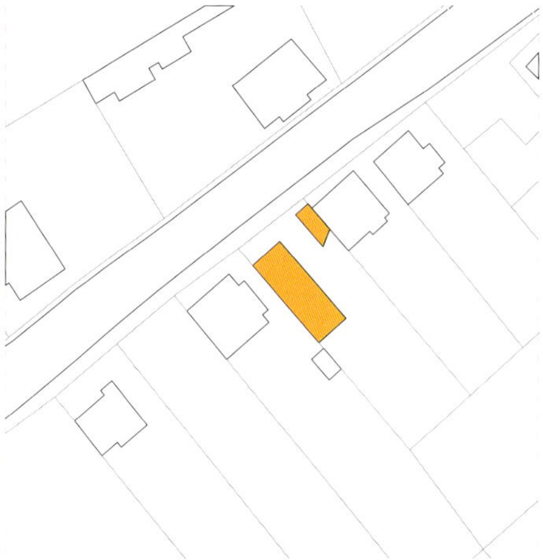

Lageplan

STARKE FORMANSAGE

Den Auftrag für das weiße »Hinguckerhaus« erhielt der Architekt von seiner Cousine. Platziert in einer kleinen burgenländischen Ortschaft südlich von Wien, direkt an der Grenze zu Ungarn, sollte es nicht nur für den Selbstbau geeignet sein – verwendet wurden Systembausteine –, sondern neben dem Wohnsitz einer vierköpfigen Familie auch noch ein Büro aufnehmen, das sich nun an der Frontseite des Erdgeschosses befindet. Dies erscheint sinnvoll, nicht nur wegen der direkten Anbindung an den Hauseingang, sondern auch aufgrund der somit erreichten räumlichen Distanzierung der privaten Wohnräume zur Straße hin. Immerhin liegt die Hauptstraße mit ihren Läden und dem Rathaus lediglich 100 m entfernt. Die Häuser im Ort stehen locker auf schmalen Parzellen, nah am Bürgersteig, mal trauf-, mal giebelständig, es finden sich alle üblichen Dachformen – was Martin Mostböcks Neubau mit seinem dreizahnigen Sheddach nun durch eine aus der Industriearchitektur entlehnte, hier durchaus spektakuläre Lösung erweitert. Anders als bei einer Fabrikhalle aber klappt das Flachdach an zwei Stellen schräg auf, wobei sich die Oberlichter nach Nordwesten ausrichten, während das Gebäude nach Südosten zeigt. Auf der Gartenseite des Dachs wurde eine Solarthermieanlage installiert, deren Zusammenarbeit mit dem unterstützenden Gasbrennwertkessel dank des Passivhausstandards geringe Energiekosten garantiert. Das so beeindruckend weiße und klar gezeichnete Domizil mit der seitlich frei stehenden Garage und seinem formal betonten Eingangshäuschen demonstriert in der improvisierten Vielfalt des kleinstädtischen Umfelds eine sehr spezielle ästhetische Ordnung. Dass diese keineswegs dogmatisch orthogonal wirkt, sondern vielmehr eine produktive Spannung sucht, wird in der überall auftretenden schrägen Linie sichtbar: sie grenzt die Terrasse zur Rasenfläche des Gartens hin ab, sie gliedert das Dach in jene quer liegenden Segmente und sie greift maßgeblich in den Grundriss ein. Während die großen, sehr schön proportionierten Fensterrechtecke, die aufgrund der kontrollierten Wohnraumlüftung nur selten geöffnet werden, nach außen hin nichts als rechte Winkel zeigen, laufen in den Stockwerken des dreigeschossigen Hauses nahezu alle Innenwände diagonal verzogen. Am deutlichsten wird dies in der Position des Betts im Elternschlafzimmer, das sich damit bestmöglich über die verglaste Fensterecke in Richtung der Morgensonne ausrichten darf.

▲ Zwischen den benachbarten Wohnhäusern schiebt sich der Neubau mit der genau richtigen Mischung aus Zurückhaltung und Exaltiertheit ins Bild.

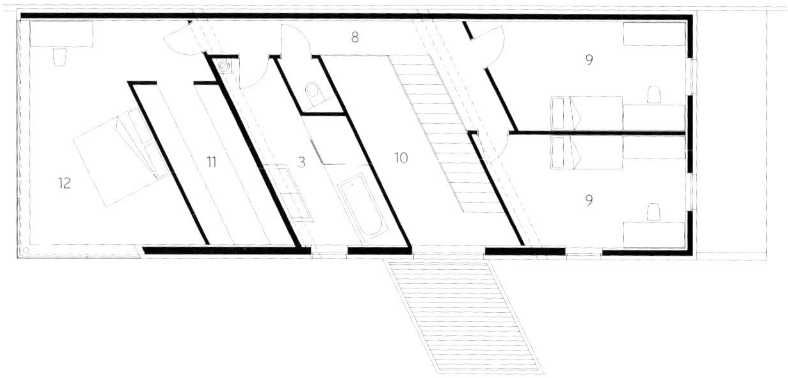

Obergeschoss M 1:200

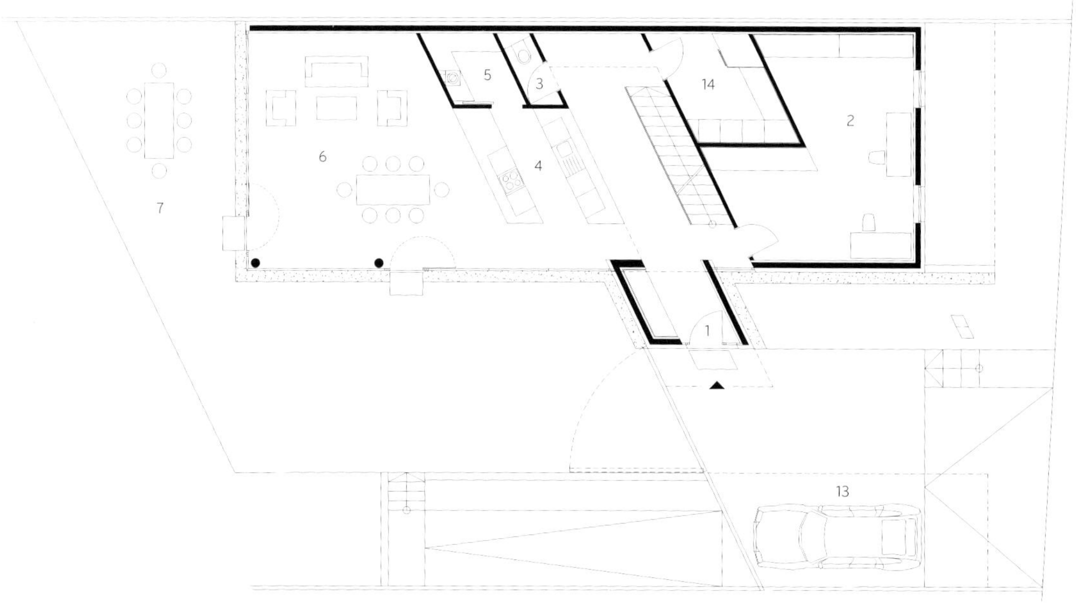

Erdgeschoss M 1:200

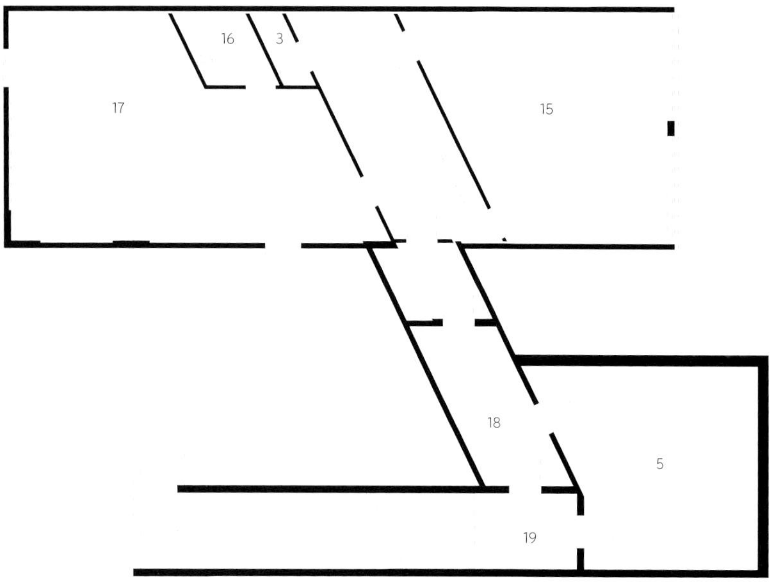

Untergeschoss M 1:200

1 Zugang
2 Arbeiten
3 Bad/WC
4 Kochen
5 Lager
6 Wohnen/Essen
7 Terrasse
8 Galerie
9 Kind
10 Luftraum
11 Ankleide
12 Eltern
13 Carport
14 Waschraum
15 Atelier
16 Technik
17 Fitness
18 Vorraum
19 Rampe

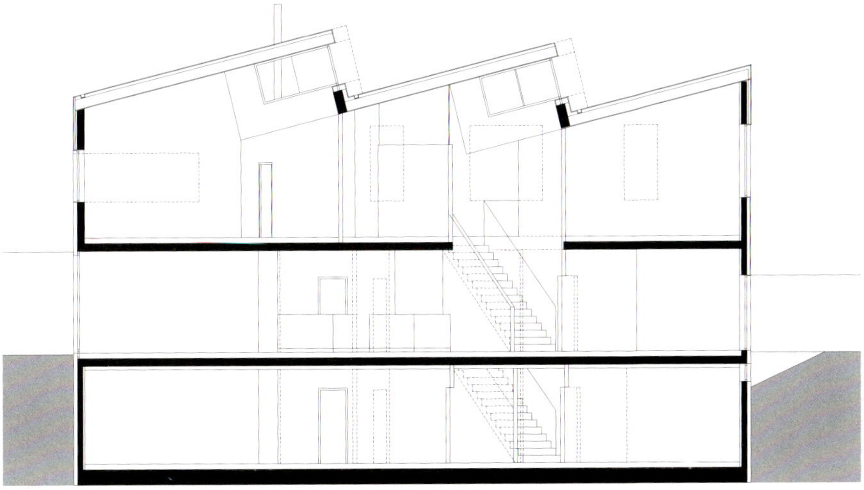

Schnitt M 1:200

▶
Der Blick von der Galerie in den Eingangsbereich hinunter offenbart den fulminanten Effekt der Sheddach-Idee: Licht von schräg oben und eine spannungsvolle Deckengestalt.

▶▶
Die Küche besteht aus zwei schräg stehenden Theken, die damit der Bewegung des Sheddachs folgen. Zwischen ihnen liegt eine kleine offene Abstell-/Technikkammer, rechts die Tür zur Gästetoilette.

▼
Durch das außergewöhnliche Design der Küche gelingt der optische Zusammenschluss im Erdgeschoss: Eingang, Treppe, Küche, Essen und Wohnen.

H2M Architekten + Stadtplaner | Wohnhaus Pestinger

Standort **Oberdornlach/Kulmbach (D)** Bauzeitraum **2008 – 2010**
Bauweise **Holzständerbauweise** Grundstücksgröße **12.423 m²** Wohnfläche **136 m²** Zusätzliche Nutzfläche **20 m²** Anzahl der Bewohner **2**
Reine Baukosten **218.000 €** Baukosten pro m² Wohn-/Nutzfläche **1.397 €** Gesamtbaukosten **254.000 €**

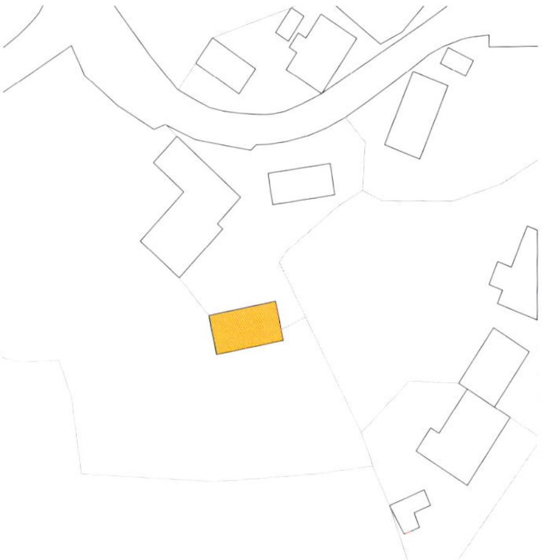

Lageplan

▲ Die bis in das Spiel mit den Fenstern konsequent durchgearbeitete Geometrie des Entwurfs versöhnt sich dank ihrer Holzbauweise mit der ländlichen Umgebung.

GEOMETRIE IM PARADIES

Einen schöneren Tag, als ihn der Fotograf bei seinem Besuch in Oberdornlach erlebte, kann man sich nicht wünschen. Über dem kleinen Dorf mitten in der oberfränkischen Landschaft nordwestlich von Kulmbach strahlt der Sommerhimmel mit kleinen Wölkchen, Wiesen und Bäume sind grün – und damit scheinen alle positiven Klischees erfüllt. Es gibt sie, diese ländliche Idylle, und trotz aller vernünftigen Appelle der Planer, unsere Städte durch neue Wohnbauten zu verdichten und damit tägliche Pendel- und Lieferfahrten zu vermeiden, bietet sie Qualitäten in Bezug auf entspannte Ruhe und ästhetisch-ökologische Harmonie, die nur dort zu erleben sind. Die Architektur eines Neubaus allerdings sollte auch stimmen in puncto Position, Materialität und Konzeption. Im Falle dieses Projekts wurde alles richtig gemacht: man ersetzte einen baufälligen Vorgängerbau in dessen Kubatur und nutzte seine ideale Lage in einer Streuobstwiese am Rand des Weilers. Die Konstruktion basiert auf einem 160 mm starken Ständerwerk: geschlossen durch dampfdichte OSB-Platten und eine innere Gipskartonbekleidung. Natürlich wurde das Wohnen nach Süden ausgerichtet, und die Tatsache, dass auf dieser Seite der Hang sanft ansteigt, beeinflusste die Innendisposition, womit wiederum mehrere günstige Aspekte verbunden waren: erstens wandert das Wohngeschoss in den ersten Stock und genießt damit eine optimale Aussicht in Richtung des Dorfs – in der Nordwestecke sitzt hierfür eine verglaste Loggia. Zweitens erhält die Sonnenterrasse hinter dem Haus eine sichtgeschützte Position und drittens können sekundäre Räume wie der Schrankraum sowie die beiden Bäder an die fensterlose Hangseite des unteren Geschosses gesetzt werden, ohne Nutzungskomfort einzubüßen. Fenster in den Schmalseiten des Hauses und eine freundliche Innengestaltung lassen in diesen Zonen keinerlei Düsternis aufkommen, was wichtig ist, da sich daran das Hauptschlafzimmer anschließt und sie auch wegen der »Stauraumfunktion« des Schrankraums im Alltag häufig frequentiert werden. Das rundherum mit Ausblick ausgestattete, nahezu fließende Obergeschoss mit seinem freistehenden Ofen wird dennoch der primäre Lebensraum sein. Um mit dem begrenzten Budget auszukommen, verzichtet der Entwurf auf Keller und Satteldach. Das kleine Passivhaus aber signalisiert mit seiner hinterlüfteten Lärchenholzfassade unzweifelhaft seine modern interpretierte Sympathie für das Leben auf dem Lande – und dass dies bestens funktioniert, belegen die Fotografien.

Wohnhaus Pestinger

▼
Das Obergeschoss ist als durchgehender Wohnzusammenhang konzipiert. Auch im Innern erweisen sich die unterschiedlichen Fenster als überaus reizvoll.

▼
Die einzige Trennung des Stockwerks erzeugt eine Wandscheibe, hinter der sich ein Arbeitszimmer befindet. Davor sitzen Treppe und Kaminofen.

Obergeschoss M 1:200

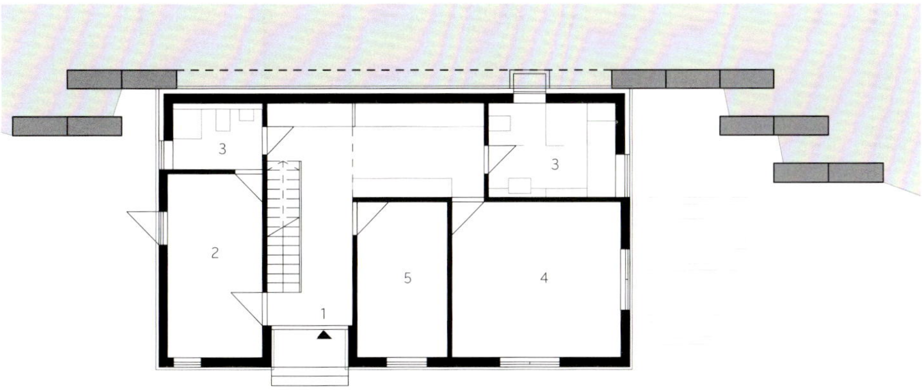

Erdgeschoss M 1:200

1 Zugang
2 Technik
3 Bad
4 Schlafen
5 Zimmer
6 Arbeiten
7 Wohnen/Essen
8 Kochen
9 Wintergarten
10 Terrasse

▼

Im unteren Geschoss liegen Bad, Schlafzimmer und Abstellräume – hier die Ankleide. Eine attraktive Gestaltung mit frischen Farben und guter Beleuchtung ersetzen den fehlenden Ausblick auf der Hangseite.

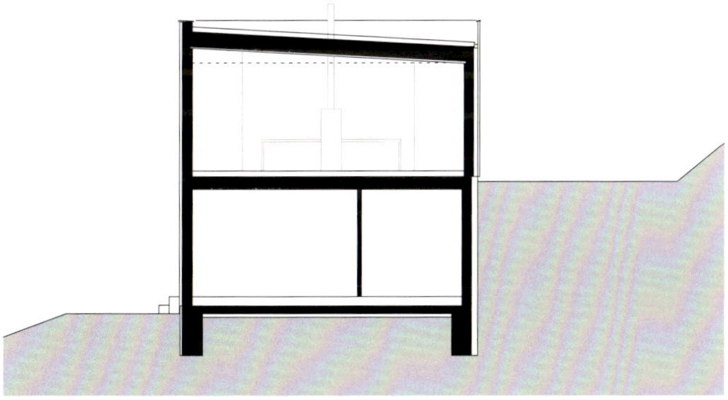

Schnitt M 1:200

◄

Der Grund für die Anordnung des Wohngeschosses im ersten Stock ist der rückwärtige Hang, dank dem sich eine natürliche Grasterrasse ergibt.

►

Die Treppe nach oben ist ein oft genutzter Weg im Haus, da die Wohnebene im ersten Stock platziert wurde.

27

SOHO ARCHITEKTUR

Haus B-Hub

SoHo Architektur | Haus B-Hub

Standort **Lautrach (D)** Bauzeitraum **2009** Bauweise **Massivbau** Grundstücksgröße **635 m²** Wohnfläche **130 m²** Zusätzliche Nutzfläche **42 m² (Garage)** Anzahl der Bewohner **3** Reine Baukosten **210.000 €** Baukosten pro m² Wohn-/Nutzfläche **1.221 €** Gesamtbaukosten **265.000 €**

BUNTES GRAU

Lageplan

An einer Schleife der Iller im schwäbischen Unterallgäu liegen sich zwei kleine Orte gegenüber. Locker verteilen sich die Häuser, dazwischen ein spätbarockes Schloss, Bäume, ein Bach. Ein schönes Fleckchen Erde, an dem es sich ruhig leben lässt. Längst aber ist das Land in allen Bereichen anspruchsvoll geworden: Im Schloss sitzt ein Managerzentrum, Höfe und Handwerksbetriebe wandelten sich nicht selten zu modernen Wohnhäusern und technisch bestens aufgestellten Unternehmen. Kein Grund also, warum man sich bei der Bauaufgabe eines kleinen Einfamilienhauses architektonisch in alter Weise verhalten sollte. Statt eines Putzkastens mit Ziegeldach schlugen die Architekten ihren aufgeschlossenen Bauherren für deren kleines Grundstück eines in Materialwahl und Erscheinungsbild derart konsequentes Konzept vor, das man das Gebäude nach einmaligen Sehen nicht mehr vergisst – optische Nachhaltigkeit also. Da auf dem Gelände zur Straße hin bereits ein kleines, vom Bauherrn entworfenes Büromodul stand, bildete man durch die daneben gesetzte Garage und das nach hinten gerückte Wohnhaus ein stimmiges Ensemble, das damit sowohl einen gut kontrollierbaren Grundstückseingang als auch einen nach Süden geöffneten intimen Hofplatz samt Hausbaum erzeugte. Die dort installierte blickgeschützte Außensitzfläche findet dank einer großen Fensterfläche eine ideale Anbindung an die Wohnküche, die eine Hälfte des Erdgeschosses einnimmt. Außerdem sind dort noch der Eingang mit Garderobe, das Gästebad und ein zusätzliches Zimmer untergebracht. Bestandteil des offenen Wohnzusammenhangs ist auch die zentral angeordnete Treppe, mit der man im ersten Stock des zweigeschossigen Gebäudes direkt in den Wohnbereich mündet. Eltern- und Kinderschlafzimmer sowie das Hauptbad nehmen die Restfläche ein. Sollte ein zweites Kinderzimmer benötigt werden, dann können die Eltern ihr Schlafen problemlos ein Geschoss nach unten verlegen. Mit dem selben rigorosen Minimalismus, den die wenigen, in unterschiedlicher Größe in ihre schwarzen Rahmen gesetzten Fenster ausstrahlen, wurden die Oberflächen behandelt. Im Innern sind es einfache Holzdielen für die Böden und zumeist unbehandelter Sichtbeton für die Wände, außen auf Fassaden und Dach eine Verkleidung aus Well-Eternit. Die Dicke der Fensterlaibungen signalisiert die wirkungsvolle Dämmung, der das Objekt seinen KfW-Effizienzhaus 60-Standard verdankt. Alles verbindet das vorherrschende Grau der Entwurfssprache, das aber bereits auf den zweiten Blick aufgrund seiner funktionierenden Verbindung mit grünem Garten, Lichtspiel und dem bunten Familienleben deutlich an Farbtönen hinzugewinnt.

▲▲ Während die große Wohnküche praktischerweise im Erdgeschoss liegt, befindet sich der Wohnbereich mit großem Fenster zum Hof darüber.

▲ Der Entwurf wurde mit großem Interesse aufgenommen, da sein innovativer Umgang mit den Baumaterialien und die starke Ästhetik hohe Qualität aufweisen.

DANGER

◄
Weniger ist mehr – eine klare und minimalistisch gehaltene Architektur harmoniert mit sparsamer und gestalterisch hochwertiger Möblierung.

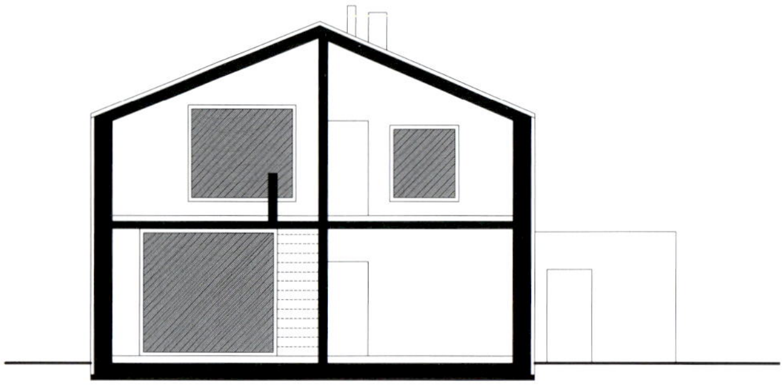

Schnitt M 1:200

▼
Ein maßgeblicher Vorteil des Architektenhauses ist die individuelle Planung: das quadratische Wohnzimmerfenster ist ideal proportioniert.

◄
Vor der Wohnküche liegt der reizvolle Freiplatz – ein durch Büromodul (gegenüber) und Garage (rechts) geschaffener Hof für Leben und Arbeiten unter freiem Himmel.

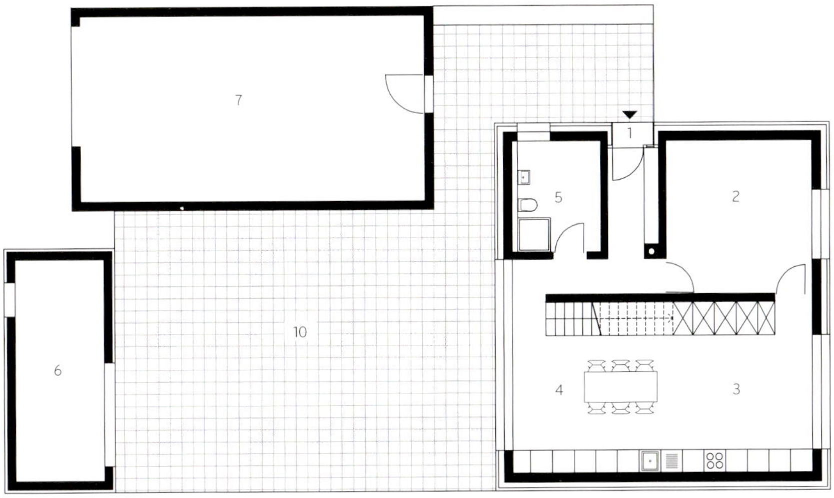

Erdgeschoss M 1:200

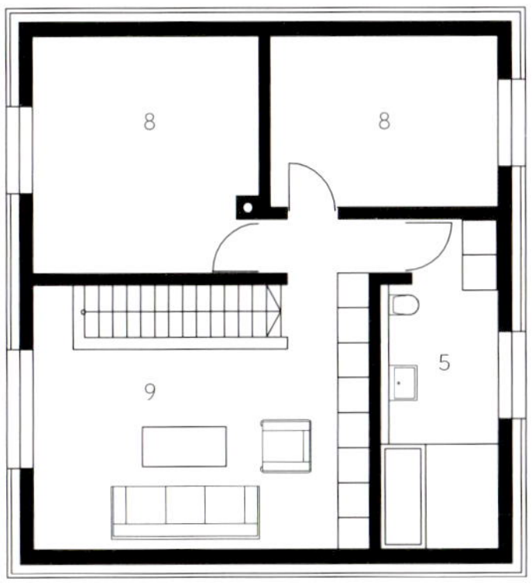

Obergeschoss M 1:200

1 Zugang
2 Zimmer
3 Kochen
4 Essen
5 Bad
6 Büro
7 Garage
8 Kind
9 Wohnen
10 Innenhof

▼
Durch den großflächig eingesetzten Sichtbeton und die puristische Einrichtung gewinnt die Architektur an Ausdruckskraft – Wohnen mit ästhetischem Anspruch.

28 BUNQ ARCHITECTES

Haus Mayland

bunq architectes | Haus Mayland Standort **La Sagne/Sainte-Croix (CH)** Bauzeitraum **2011 – 2012** Bauweise **Holzständerbauweise**
Grundstücksgröße **1.169 m²** Wohnfläche **150 m²** Zusätzliche Nutzfläche **33 m²** Anzahl der Bewohner **2** Reine Baukosten **239.000 €**
Baukosten pro m² Wohn-/Nutzfläche **2.083 €** Gesamtbaukosten **312.000 € (ohne Garage + Eigenleistung)**

Lageplan

▲ Der verglaste Eingang am Terrassendeck besitzt seitliche Schiebeläden. Werden diese zugezogen, schließt sich der Hauskörper an seiner Längsseite komplett.

WERT DES HANDWERKS

»Zeige mir, wie du wohnst, und ich sage dir, wer du bist.« Hier passt es, denn der Bauherr, der dieses extravagante Haus in einem kleinen Ort unweit von Yverdon-les-Bains am Westufer des Genfer Sees mit seiner Frau zusammen bewohnt, ist Schreiner und sein Werkstattgebäude steht nebenan. Insofern konnte ein großer Anteil der Baukosten in Eigenleistung und mit denkbar kürzesten Transportwegen realisiert werden. Ein Wohnhaus, das also gleichsam symbolisch zu verstehen ist, glaubt man dem eingangs zitierten Sprichwort. Seine Formidee jedenfalls weist auf die Kompetenz und Fantasie dieses Traditionshandwerks: ein 19 m langer, 5 m breiter und am First 6 m hoher Hohlkörper, konstruiert als gekreuztes Holzgitterwerk, auf einer Betonplatte stehend, mit dem Querschnitt eines kleinen symmetrischen Giebelhauses. Die solcherart ausgebildeten Fassadenflächen vereinen das Dekorative der zeitaufwändigen Konstruktion mit dem Funktionalen, denn sie bieten den seitlichen Loggien der komplett verglasten Giebel Schatten gegen die Sommersonne und schützen vor Wind. Auf diese Loggien öffnen sich im Osten das Büro der Werkstatt und das darüber liegende Schlafzimmer, im Westen, wo sie breiter ist, dient sie als überdachter Freiplatz vor dem Wohnzimmer. Im ersten Stock befindet sich dort eine Galerie, über welche das Gästezimmer durch den Luftraum oberhalb der Sitzgruppe ebenfalls eine Aussicht erhält. Dieser großzügige Umgang mit Luftraum, der auch der Galerie in der Mitte des Hauses zugute kommt, war möglich, da man die Stauflächen in einem 33 m² großen, externen Lagerraum auf dem Grundstück unterbringen konnte. In der erwähnten Mittelzone des Hauses befindet sich dann auch der spannendste, wegen seiner Wandelbarkeit »Chamäleonraum« genannte Bereich, der mit dem südlich vorgesetzten Holzdeck der Gartenterrasse in Verbindung steht. Hierfür werden zwei Fassadenelemente beiseite geschoben. Die Architekten teilten die Grundfläche dort längs in zwei Hälften, wobei die südliche als zweiter Wohnraum unten und Galerie oben der Kommunikation und Erschließung gewidmet ist. Die nördliche übernimmt die Servicefunktionen mit der Treppe, zwei Toiletten, einem schmalen Bad oben und der Küche im Erdgeschoss, die wegen ihrer Durchreiche und der blauen Wandung die Assoziation eines Zugrestaurants aufkommen lässt.

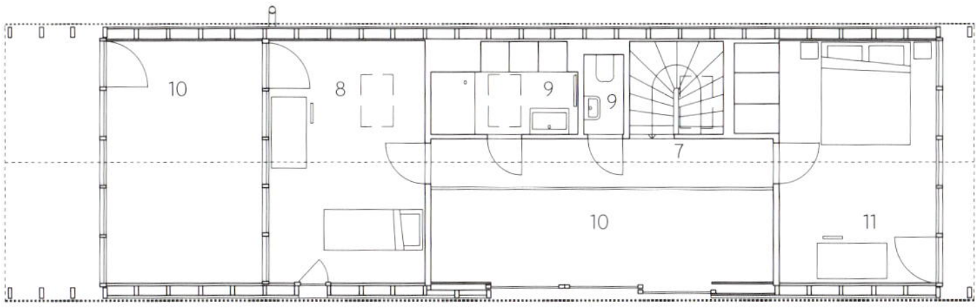

Obergeschoss M 1:200

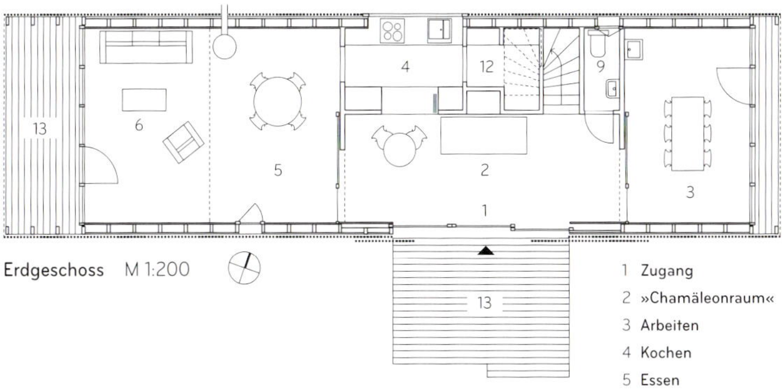

Erdgeschoss M 1:200

1 Zugang
2 »Chamäleonraum«
3 Arbeiten
4 Kochen
5 Essen
6 Wohnen
7 Galerie
8 Gäste
9 Bad/WC
10 Luftraum
11 Schlafen
12 Lager
13 Holzdeck

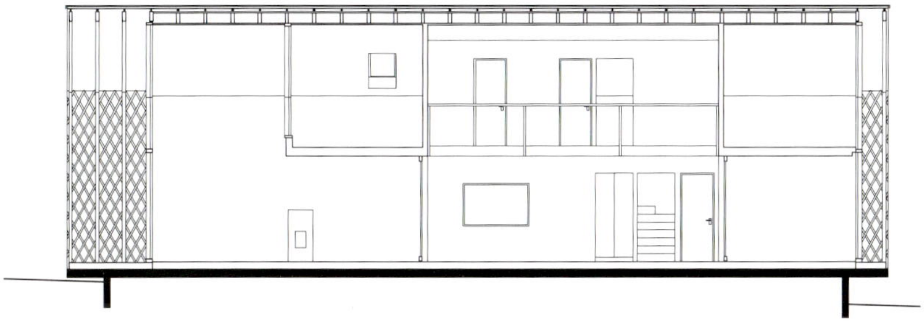

Schnitt M 1:200

▼▼
Dadurch, dass das innere Volumen bis zum Giebel frei erfahrbar ist, genießt das Haus eine angenehme räumliche Großzügigkeit.

▼
Vom Innenfenster des Gästezimmers gleitet der Blick über den Luftraum des Wohnbereichs und die vorgesetzte Loggia in den Garten hinaus.

◀
Viel gestalterischer Mut und hohe Eigenleistung führten zu dem höchst individuellen Wohnhaus für einen Schreiner – es liegt im Garten hinter dem Werkstattgebäude.

◀
Der mittig angeordnete Wohnflur – »Chamäleon-Raum« – ist hellblau gestrichen. Links unten das Innenfenster zur Küche, darüber der Galeriegang zu den Schlafzimmern.

▶
Für die Seitenwände der Loggia vor dem Wohnbereich wurde das Holzgitterwerk verlängert. Das Büro am anderen Ende erhielt auf dieselbe Weise einen kleineren Balkon.

29 BRH ARCHITEKTEN + INGENIEURE GMBH

Haus Pagel

brh Architekten + Ingenieure GmbH | Haus Pagel Standort **Berlin-Wannsee (D)** Bauzeitraum **2011–2012** Bauweise **Massivbauweise**
Grundstücksgröße **480 m²** Wohnfläche **125 m²** Zusätzliche Nutzfläche **55 m²** Anzahl der Bewohner **3** Reine Baukosten **222.750 €**
Baukosten pro m² Wohn-/Nutzfläche **1.237 €** Gesamtbaukosten **350.000 €**

ERBAULICH GEBAUT

Es fehlt eigentlich nur noch eine Dachterrasse, dann hätten wir ein Musterbeispiel für das moderne Wohnhaus der Avantgarde vor uns, wie man es sich im Umkreis von Le Corbusier in den 1920er Jahren vorstellte – und dazu passt sogar die Lage. Berlin-Wannsee als der Metropole vorgelagerter, freizeitbezogener Rückzugsort, nahe am Seeufer und umgeben von Wäldern. Genau das Richtige für den angespannten Berufstätigen, der abends heimkehrt, das Automobil unter das Haus fährt und dann sein technisch bestens ausgestattetes Domizil genießt oder sich segelnderweise sportlich betätigt. Diese zukunftsbezogene Vision der Modernisten ist inzwischen fast einhundert Jahre alt und hat dennoch nichts von ihrem Reiz verloren, wie man an dem hier gezeigten Entwurf sieht, dessen stimmungsvolle Sepia-Aufnahmen diesen kulturhistorischen Rückbezug kongenial aufnehmen. Formale Sachlichkeit, in den Proportionen exakt ausgewogene Gestaltung und innere Funktionalität entsprechen dem damals propagierten Anspruch, ebenso die technisch-architektonische Ästhetik des Hauses. Sie stellt sich in Gestalt des scharfkantigen, glatt verputzten Hauskörpers mit seiner minimalen Dachkante aus Zinkblechprofil und des im Untergeschoss integrierten Stellplatzes souverän in die sandige brandenburgische Landschaft – unmittelbar grenzt der weit ausgedehnte Düppeler Forst an. Und diesem wendet sich das Haus mit vielen Fenstern zu: von der großen bodentiefen Glasecke des Wohnbereichs mit seinem umlaufenden Terrassendeck bis zu den liegenden Fensterformaten im Obergeschoss, die den zwei Kinder- und dem Elternschlafzimmer präzise zugeordnet wurden. Zu einem regelrechten Motiv wird der schwarze Metallrahmen des Eckfensters der Küche, das formal durch den ebenfalls schwarzen Eingangsvorbau auf der Nordostseite aufgenommen wird. Hier gibt es lediglich zwei kleine Treppenfenster. Im Untergeschoss allerdings, das wegen der eingesparten Kellertreppe nur durch den Carport zugänglich ist, befindet sich dort ein Lichtschacht für Gästezimmer und Bad. Während sich diese Fassade zum Nachbarhaus hin diskret verschlossen gibt, erhält das Wohnen auf der dem Waldrand zugewandten Südwestseite viel Licht und Sicht ins Grüne. Dank einer Bauweise mit primär tragenden Außenwänden und größeren Deckenspannweiten konnte trotz gering zu haltender Baukosten des Rohbaus ein freier Grundriss realisiert werden. Er kommt dem von vorn bis hinten durchgehenden, strahlend weiß gestrichenen Wohnbereich mit Küche, Esstisch, Kaminofen und Sofazone zugute.

Lageplan

▲▲ Zum Garten hin öffnet sich der Hauskörper mit einem Eckfenster auf ein Holzdeck. Seitlich erstreckt sich ein großes Waldgebiet.

▲ Wie selbstverständlich rollt das Fahrzeug in den Carport unter dem Gebäude, das als perfekt proportionierter Rechteckkasten im sanften Hang des Grundstücks sitzt.

▶

Eine als Betonelement vorgefertigte Treppe verbindet Wohn- mit Schlafgeschoss. Die ansonsten geschlossene Nordostwand erhielt für ihre Belichtung zwei kleine Fenster.

◀

Um die besondere Ästhetik und den speziellen Charakter ihres Entwurfs im Bild zu kommunizieren, wählten die Architekten für die Fotografien eine Sepia-Tönung.

▼

Das Familienleben findet im großen Wohn- und Essbereich statt, der sich entlang der Südflanke des Erdgeschosses von der straßenseitigen Küche bis zur Terrasse erstreckt.

1 Zugang
2 Bad
3 Kochen
4 Essen
5 Wohnen
6 Terrasse
7 Eltern
8 Kind
9 Gast
10 Lager
11 Technik
12 Carport

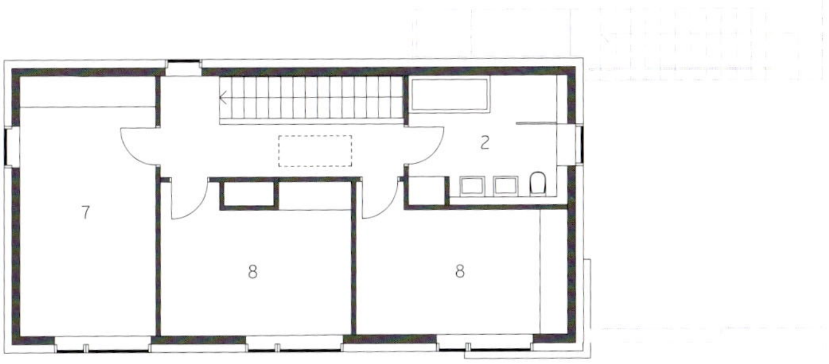

Obergeschoss M 1:200

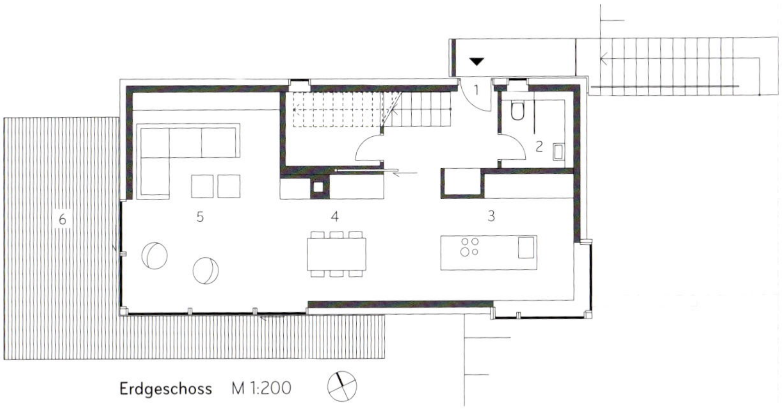

Erdgeschoss M 1:200

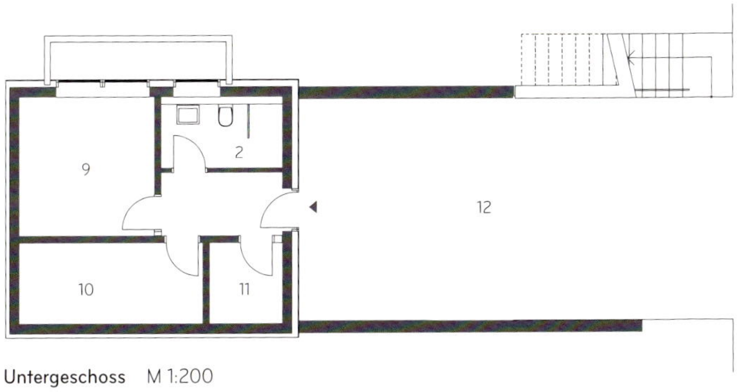

Untergeschoss M 1:200

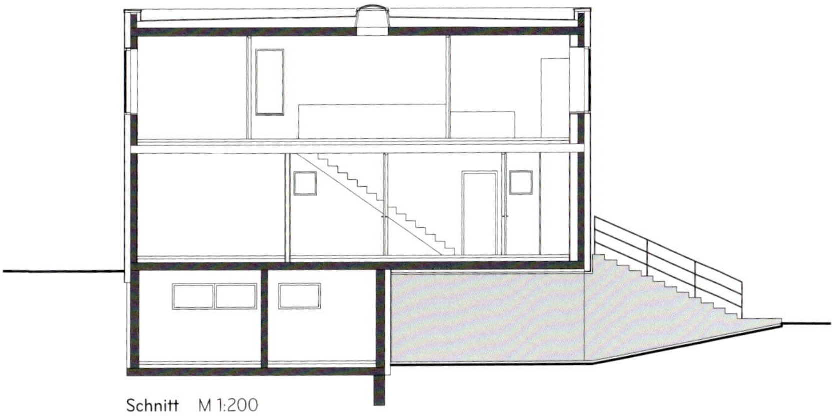

Schnitt M 1:200

▼

Ein klug gestaltetes Bad überzeugt auch auf engstem Raum. Das Gäste-WC des Wohngeschosses erhielt eine zusätzliche Dusche und ein wertvolles Fenster.

▼▼

Im zweiten Geschoss erhellt ein zusätzliches Oberlicht Treppe und Flur. Der Blick geht durch bis zum Badfenster, das als stehendes Format prominenter Teil der Frontansicht des Hauses ist.

30

PLANUNGSBÜRO JÜRGEN HALLER

Haus Moosbrugger Fleisch

Planungsbüro Jürgen Haller | Haus Moosbrugger Fleisch

Standort **Lustenau (A)** Bauzeitraum **Sommer 2012 – Frühjahr 2013**
Bauweise **Holzbauweise** Grundstücksgröße **1.040 m²** Wohnfläche **153 m²** Zusätzliche Nutzfläche **115 m² (inkl. Garage)** Anzahl der Bewohner **4**
Reine Baukosten **250.000 €** Baukosten pro m² Wohn-/Nutzfläche **1.625 €** Gesamtbaukosten **350.000 €**

Lageplan

▲ Das Haus gewinnt durch sein niedrig gesetztes Dach einen kompakten Charakter. Die anspruchsvolle Planung lässt sich am Fensterband erkennen, das sechs Räume versorgt.

HORIZONTALITÄT IM KONZEPT

Es sind nur wenige hundert Meter zum Rhein, der dort als Grenzfluss zwischen der Schweiz und dem österreichischen Vorarlberg fungiert, und nur wenige Kilometer zum südlichen Bodenseeufer bei Bregenz. Da man sich im flachen Schwemmland des Flusses befindet, kann man hier, am Ortsrand des Städtchens von einer unmittelbar spürbaren, voralpinen Topografie kaum sprechen, und doch strahlen viele der umstehenden Häuser jene vielerorts so geschätzte traditionelle Gestaltsprache und Atmosphäre der alpenländischen Baukultur aus. Selbst in der für ihre anspruchsvolle und innovative Holzarchitektur bekannten Gegend Vorarlbergs ist es damit immer wieder eine Herausforderung für ambitionierte und zugleich regionalsensible Büros, ein bauliches Gehäuse zu entwickeln, in dem sich zeitgemäßes Wohnen optimal mit der geschätzten Gestaltungskultur der Gegend verbindet – und dies möglichst unter Verwendung anstehender Materialien. Gerade Letzteres ließ sich bei diesem Haus in idealer Weise umsetzen, da der Bauherr über einen eigenen Wald verfügt. Aus diesem stammen nämlich die Weißtannenschindeln, mit denen sich die Fassade des ansonsten als Holzriegelbau erstellten Hauses flächig schließt und schmückt. Weißtanne wurde auch für die Innenauskleidung verwendet. Das Gebäude sitzt mit seinem flachen Satteldach, in dem die Giebelhaustypen der Nachbarschaft Aufnahme finden, über einem 75 m² umfassenden Keller aus Stahlbeton und nimmt im Erdgeschoss eine großzügig geschnittene, 40 m² große Garage sowie einen dahinter angeordneten Stauraum auf, der sich mittels Schiebetüren praktisch öffnen lässt. Innen verbindet sich die Sofazone über eine schmale Stelle, an der ein beiden Bereichen Wärme gebender Kaminofen sitzt, mit der passabel bemessenen Wohnküche – die Architekten geben im Übrigen einen jährlichen Primärenergiebedarf von 45 kWh/(m²a) an. Vor beiden befindet sich die große Südterrasse. Da das obere Stockwerk neben dem Elternschlafzimmer erstaunlicherweise nicht nur drei Kinderzimmer, sondern auch noch eine Unterkunft für Gäste integriert und dafür aus Platzgründen nur ein Bad anbieten kann, wurde das Gäste-WC im Erdgeschoss mit einer Dusche ausgestattet. Ein gestalterisches Merkmal, das dem Neubau eine besondere Note verleiht, ist seine sympathisch bescheiden anmutende horizontale Ausrichtung. Neben dem elegant-flachen Dach basiert dies vor allem auf dem Obergeschoss mit seinem schmalen Fensterband, das alle Fenster der Nord- und Ostseite zusammenschließt, sowie auf den zwei reizvoll in die Kubatur geschnittenen Loggien vor den Schlafzimmern nach Süden und Westen.

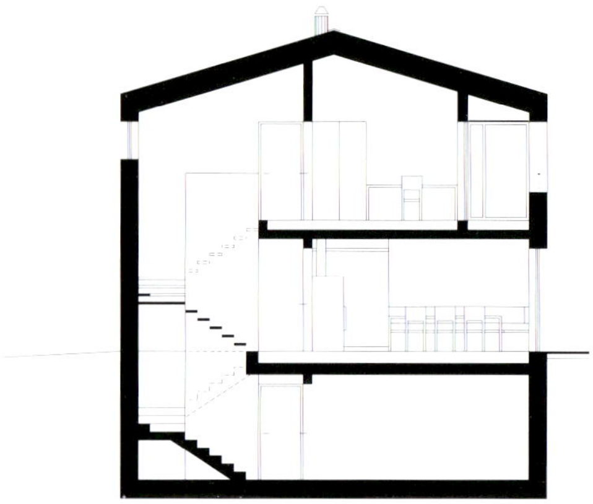

Schnitt M 1:200

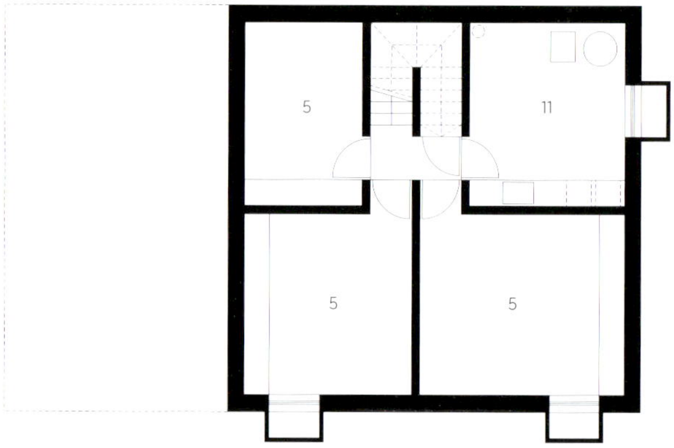

Untergeschoss M 1:200

1 Zugang
2 Bad
3 Wohnen
4 Kochen/Essen
5 Lager
6 Garage
7 Loggia
8 Eltern
9 Kind
10 Arbeiten/Gast
11 Technik
12 Terrasse

◄◄
Bereits der Hauseingang signalisiert die Strategie des Architekten: der komplexe Grundriss erfordert eine formal reduzierte, ruhige Gestaltung.

◄
An der bestechend einfach gezeichneten Loggia des Obergeschosses zeigt sich der Reiz der puristischen Formensprache.

▼
Der schindelverkleidete Baukörper erhielt exakt dort Einschnitte, wo Blick oder Öffnung gewünscht wurden: Fenster, Balkon und Terrasse. Die links integrierte Garage bleibt unsichtbar.

Erdgeschoss M 1:200

Obergeschoss M 1:200

◀ Auch das obere Bad wird über das Fensterband belichtet. Hinter der Trennwand mit dem Spiegel befinden sich links die Dusche, rechts die Toilette.

▶ Weißtanne ist in diesem Haus als Baustoff allgegenwärtig. Sie demonstriert die Nachhaltigkeit des Konzepts und nimmt Bezug auf den Waldbesitz der Bauherren.

▶▶ Im Erdgeschoss gibt sich der Grundriss eigenwillig, aber pragmatisch: Die Wohnküche liegt übereck zum Wohnbereich. Am Verbindungspunkt wurde der Hausofen installiert.

31 ADRIANOWYTSCH ARCHITEKTEN

Haus K30

Adrianowytsch Architekten | Haus K30 Standort **Augsburg (D)** Bauzeitraum **März – Dezember 2011** Bauweise **Massivbauweise**
Grundstücksgröße **918 m²** Wohnfläche **120 m²** Zusätzliche Nutzfläche **175 m²** Anzahl der Bewohner **4** Reine Baukosten **249.900 €**
Baukosten pro m² Wohn-/Nutzfläche **975 €** Gesamtbaukosten **347.800 €**

INNERE WERTE

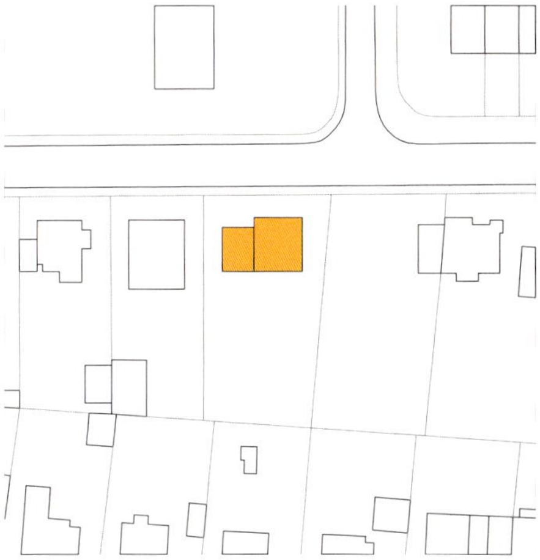

Lageplan

Die Lage des Hauses entspricht wohl ziemlich genau dem Durchschnitt einer guten deutschen Vorstadtsiedlung – Schule, Sportplatz, Gewerbegebiet und grünes Umland in der Nähe: ein ebenes, mitteldichtes Wohnviertel, eine ruhige Erschließungsstraße, freistehende Wohnhäuser, platziert auf der straßenseitigen Schmalseite baumbestandener Gartenparzellen. Die Bauherren entschieden sich für den kompletten Ersatz des älteren Bestands, dem Elternhaus – eine Entscheidung, die aus ökonomischen Gründen immer wohlüberlegt sein muss, sich hier aber zweifelsohne als die richtige erwies. Der Neubau, errichtet in monolithischem Ziegelmauerwerk, verbindet nun den exakt ermittelten Bedarf der Familie mit einer kompakten, ergonomisch arrangierten Großform in frischer und zeitgemäßer Ästhetik. Den Vorteil der im Norden gelegenen Straßenseite nutzt der mit einem flachen, betondachsteingedeckten Satteldach versehene längsrechteckige Baukörper für einen geschlossenen Auftritt: Es gibt lediglich zwei sehr schmale Fensterbänder, was sowohl energetisch sinnvoll ist als auch der Privatsphäre entgegenkommt. An dieser Seite positioniert der rationale Grundriss die dienenden Funktionen wie Treppe, Eingang und Garage, die eine dunkle Verblendung aus Fassadenpaneelen erhielt und sich damit optisch zurückzieht. Im Obergeschoss sitzen dort das Bad mit separiertem WC und eine Abstellkammer. Dem Entschluss, nicht nur die Garage, sondern auch einen partiellen, unverputzten Keller zu integrieren, schuldet sich letztlich auch der höhere Gesamtpreis des Hauses, das im planerischen Ansatz durch die Architekten jedoch sichtbar kostenbewusst behandelt wurde; der Keller nutzte beispielsweise den Vorgängerbau. Bemerkenswert ist, wie es dabei gelang, eine überzeugende und hochwertige Formensprache zu entwickeln – ein leichtgängiges Zusammenspiel aus Industrieparkett, simplen Standardfassungen für die Leuchten, weißen Putzflächen und sichtbar gelassenem Ortbeton. Gerade im Bereich der Treppe, einem vorgefertigten Betonelement, wurde dies besonders spannend ausgearbeitet: hier öffnet sich die graue Decke zu einem in Gipskarton ausgeschlagenem Dachfenster, dessen strahlend weiße Wandung das Licht nach unten führt. Dass sich die Planung des Hauses präzise auf den spezifischen Lebensmodus der Bewohner einstellt, erkennt man an der charakteristischen Funktionsverteilung der Räume: gegenüber den ins ruhige Obergeschoss verlegten Schlaf- sowie Arbeitszimmern ermöglicht der mit einer Gartenterrasse verbundene Großraum von Wohnen, Kochen und Essen das erwünschte familiäre Miteinander. Das KfW-70-Haus ist mit Dreifachverglasungen, einer Luft-Wärmepumpe, Fußbodenheizung sowie einer kontrollierten Wohnraumlüftung ausgestattet.

▲ An der Südost-Ecke öffnet sich der Rechteckbaukörper durch eine bodentiefe Verglasung zum Garten hin.

Rainer Roth Architekt | Haus Reuter und Silvanus

Standort **Speicher (D)** Bauzeitraum **2010 – 2012** Bauweise **Massivbauweise** Grundstücksgröße **1.069 m²** Wohnfläche **124 m²** Zusätzliche Nutzfläche **114 m²** Anzahl der Bewohner **2** Reine Baukosten **248.000 € (inkl. Eigenleistung)** Baukosten pro m² Wohn-/Nutzfläche **1.260 €** Gesamtbaukosten **ca. 300.000 €**

Lageplan

▶ Die drei Blöcke des Hausensembles liegen mittig in einem fast ländlich traditionell angelegten Gartengrundstück.

▶ Die ausladende Kirsche wurde erhalten und übernimmt nun die urtümliche Funktion des schützenden und schmückenden Hausbaums.

PRÄZISE GEKANTET

Es sind vermutlich nicht wenige Architekten, die ihre erste Begegnung mit dem Planen und Bauen bis auf das Klötzchenspiel der Kindheit zurückverfolgen können. Und dies mit bester Begründung, weisen denn Pädagogen einstimmig auf dessen pädagogisch wertvollen Effekt hin. Bei Erwachsenen gerät ein solches »Spiel« komplexer, entwickelt die ursprünglichen Holzquader zu polygonalen Hohlkörpern und verbindet sie mit spezifischen Funktionen, so könnte man anhand dieses Hauses in einem kleinen Ort südöstlich von Bitburg vermuten. Es teilt sich sein grünes Grundstück mit einem beachtlichen Kirschbaum, den es bei dem Neubauvorhaben zu erhalten galt. Für seine beiden Bewohner entwickelten die Architekten deshalb ein formal anspruchsvolles, fast skulpturales, vierteiliges Ensemble aus drei Baukörpern, die als miteinander verbundene Wohn- und Schlafelemente samt einem weiteren, frei stehenden Nebenhaus um einen quadratischen Patio komponiert wurden. Dabei führt diese zentrale Anordnung auf dem Areal dem nun vor dem Gebäude stehenden Baum eine signalhafte, fast schützende Bedeutung zu und erlaubt es, die um es herum liegenden Flächen des Grundstücks jeweils einem Element zuzuordnen: Einfahrt, respektive Zugang und nördliche Wiese richten sich auf die Doppelgarage, den Eingang, die Küche, von der aus man die Vorfahrt überblickt, und den Wohn-/Essbereich aus. Der abgelegene Nordwestteil des Gartens mit dem Metallkunst-Atelier des Bauherrn bleibt im Hintergrund – hier münden die kleinen Fenster des Hauswirtschaftsraums und des Bads. Wichtig dagegen ist die Südwestseite, weil sich dorthin der Wohnraum und die innere Terrassenfläche aus Lärchenholzbohlen öffnen. Sie bietet einen diskreten Sommeraufenthalt und zudem eine windgeschützte Außenzone für Werkeln und Hobby. Das Gebäude entstand als massives konventionelles Tragwerk aus Mauerwerk und Stahlbeton, verschalt mit einer hinterlüfteten Holzwandung aus senkrecht verlegten, sägerauen Brettern, die in Eigenleistung schwarz lasiert wurden. Im Innern dominiert weißer Putz, die Deckenoberflächen sind in Sichtbeton ausgeführt, der Fußboden partiell in betongrauem Terrazzo oder in hellgrauem Nadelvlies gehalten. Für die Fensterrahmen wurde schwarz eloxiertes Aluminium gewählt. Die Raumhöhen der drei expressiven Volumen schwanken zwischen 2,40 m beispielsweise im Bad und 6,50 m über der Küche, dort wo sie eine Galerie mit Gästezimmer aufnehmen. Mit dem Holzscheitofen, der sich markant im Wohnbereich platziert, wurde für die Beheizung des Hauses eine Gastherme sowie eine über Solarpaneele geführte Warmwasserbereitung kombiniert. Zu bewältigen ist ein jährlicher Heizwärmebedarf von 67,82 kWh/m², beziehungsweise ein Primärenergiebedarf von 127,7 kWh/m².

RAINER ROTH ARCHITEKT 32

Haus Reuter und Silvanus

Erdgeschoss M 1:200

1 Zugang
2 Garage
3 Kochen
4 Essen
5 Wohnen
6 Terrasse
7 Hauswirtschaftsraum
8 Ankleide
9 Bad
10 Schlafen
11 Lager
12 Luftraum
13 Gäste
14 Galerie
15 Technik

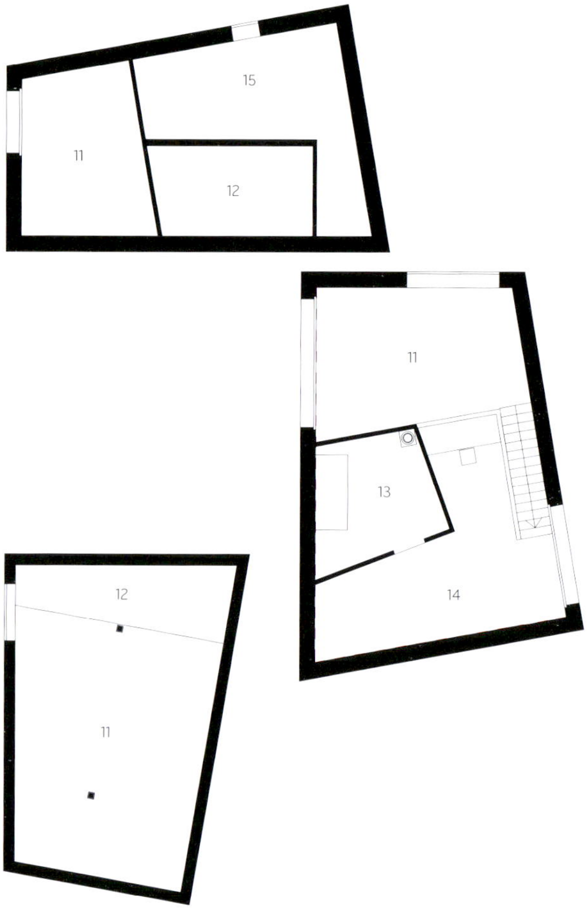

Obergeschoss M 1:200

▶

Das ästhetische Konzept lebt von den Kontrasten: schwarz lackiertes Holz und Grün außen, weißer Putz und schwarz eloxierte Aluminiumrahmen innen – die Möblierung unterstützt dies.

◀

Ein weiteres Material ist der Sichtbeton für Decken, Böden und Treppenelemente. Hier der Aufgang zur Galerie über der Küche.

▲

Zwischen den Baukörpern ergibt sich ein nach Südwesten offener, wind- und sichtgeschützter Patio. Hier kann gearbeitet, geruht und gespeist werden.

▼

Eine leicht gedrehte Perspektive in denselben Raum mit Galerie, ohne Einrichtung: hinten die Küche, vorn der Wohnbereich mit seinem freistehend installierten Ofen.

33 NAUMANNARCHITEKTUR

Haus GBG

naumannarchitektur | Haus GBG Standort Ramsen (D) Bauzeitraum März 2013 – Dezember 2013 Bauweise Holzbauweise, Sockel massiv
Grundstücksgröße 836 m² Wohnfläche 151,5 m² Zusätzliche Nutzfläche 17,9 m² Anzahl der Bewohner 5 Reine Baukosten 235.000 €
Baukosten pro m² Wohn-/Nutzfläche ca. 1.400 € Gesamtbaukosten ca. 285.000 € + Eigenleistung

UNTER DEM ÜBERSTAND

Lageplan

Es ist nicht nur der langgestreckte und mit seiner sauber gefugten Eternitverkleidung komplett weiß auftretende Baukörper, der wegen der außergewöhnlichen Außengestaltung und seiner puristischen Kontur Interesse wecken sollte. Das im pfälzischen Ramsen vom Stuttgarter Büro naumannarchitektur passgenau konzipierte Haus lohnt genaueres Hinsehen, weil es bei seiner Planung in vielerlei Hinsicht mit gängigen Herausforderungen konfrontiert war. Wegen des geringen Budgets ermöglichten die Architekten den Bauherren einen hohen Eigenleistungsanteil. Dies gestattete den hochwertigen Innenausbau mit seinen beachtenswerten Holztüren und dem reich gemusterten Bohlenboden – die geölten Eichenholzfenster erhielten eine Dreifachverglasung mit integriertem Sonnenschutz. Man vermutet es fast: Der Auftraggeber ist ambitionierter Schreiner. Seine gegenüberliegende Werkstatt lässt dem mit Holzweichfaserplatten hochwärmegedämmten Haus außerdem günstige Heizenergie aus verbrannten Holzabfällen zukommen. Als zweite Herausforderung war die Lage an einem Nordhang zu bewältigen. Der Entwurf stellte deshalb den oberen, als Holzkonstruktion ausgeführten Bauteil auf ein Untergeschoss, damit sein im westlichen Teil befindlicher Wohn- und Essbereich mit der großen Terrasse optimal an den rückwärtigen Garten anschließen kann. Seine konstruktiven Teile ließen sich dank der Vorplanung des Büros kostengünstig mit lediglich zwei Mann aufstellen – allein die Firstpfette platzierte ein Kran. Weil die Dachfenster nicht selbst produziert werden konnten, entfielen sie. Das Stahlbetonsockelgeschoss und der Stahlträger des Carports wurden als einzige Partien des Hauses komplett fremdgefertigt. In ihm finden das Büro der Schreinerei sowie eine Sauna Platz, außerdem der ca. 18 m² große Abstell- und Technikraum, der den Keller ersetzt. Er liegt optimal unmittelbar am Carport und dem Hauseingang. Die Schlafzimmer der Familie schließlich befinden sich in der überkragenden Hälfte des Aufbaus, wobei das Bad durch ein Rundfenster in der Fassade kenntlich gemacht ist. Die drei Zimmer der Kinder erhielten im ökonomisch organisierten Grundriss zwar nur 8 m², erweitern sich aber originell durch Schlafemporen (siehe Schnitt), die jeweils über dem Flur liegen.

▲ Die Lage bedingt, dass sich die Südterrasse dem Hang zuwendet. Dafür wird man mit Windschutz und Privatheit belohnt.

Schnitt M 1:200

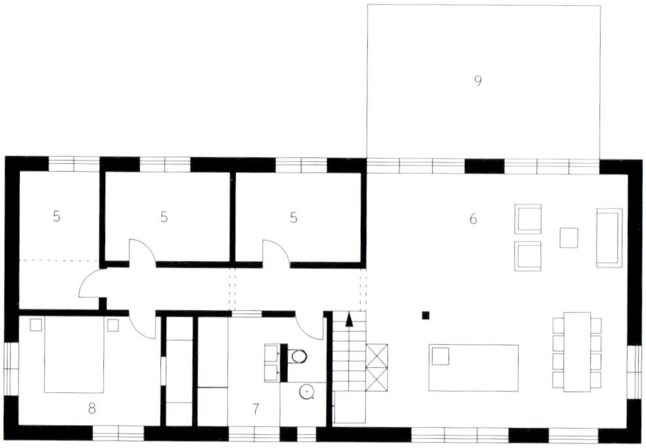

Obergeschoss M 1:200

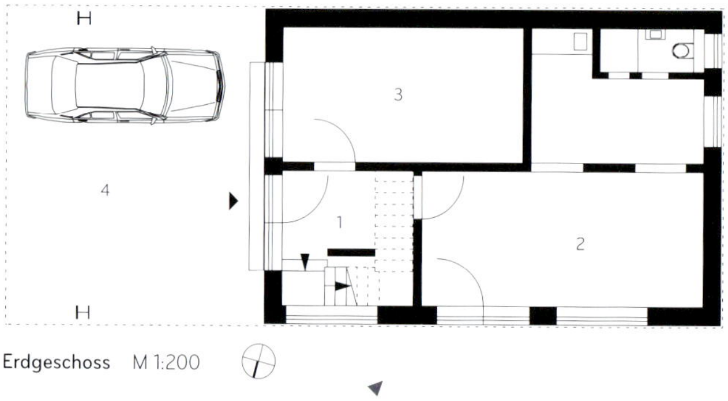

Erdgeschoss M 1:200

▼ Der Farbakzent im Bad spielt mit dem Blau des Wassers. Wie überall sind auch hier die Jalousien in die Fenster integriert.

▼ Das dunkelgrau verputzte Sockelgeschoss nimmt das Werkstattbüro des Hausherrn auf, kann aber auch als Einliegerwohnung (33 m²) genutzt werden.

◀ Die fulminanten Türen wurden in der gegenüberliegenden Schreinerei des Bauherrn gefertigt. Das Rundfenster führt Tageslicht vom Badezimmer aus in den Gang. Über der Decke liegen die Schlafkojen der Kinderzimmer.

▶ Durch den offenen, indirekt beleuchteten Giebel und den dominanten Bohlenboden gerät der Sitz-/Essbereich mit seiner offenen Küche (links) zu einer richtigen Wohnhalle – dem zentralen Raum des Familienlebens.

▼ Beim Treppenaufgang demonstriert sich die Konzeption des Hauses: unten das Sockelgeschoss aus Stahlbeton, oben der verputzte Baukörper aus Holz.

ARCHITEKTEN UND FOTOGRAFEN

Adrianowytsch Architekten BDA
Vorderes Kretzengässchen 3a
86152 Augsburg
info@adrianowytsch.de
www.adrianowytsch.de
Seite 13, 162-165
Fotos: brechenmacher baumann photography

AHAD Architekten
St.-Leonhards-Garten 16
38102 Braunschweig
kontakt@ahad-architekten.com
www.ahad-architekten.de
Seite 22, 124-127
Fotos: Adrian Schulz

architektur+raum | Peter Fakler
Steufzger Straße 33
87435 Kempten
info@architekturplusraum.de
www.architekturplusraum.de
Seite 26-27, 92-95
Fotos: Martin Rudau

Architekten Spiekermann
Westkirchener Straße 2
48361 Beelen
info@architekten-spiekermann.de
www.architekten-spiekermann.de
Seite 4 links, 28-31
Fotos: Frank Vinken

Atelier Fischer
Kürnachtalstraße 6b
97076 Würzburg
info@atelier-fischer.com
www.atelier-fischer.com
Seite 4 Mitte, 58-61
Fotos: Michael Ehlers

baulampe architekten
Markgrafenstraße 3
33602 Bielefeld
post@baulampe.de
www.baulampe.de
Seite 116-119
Fotos: baulampe architekten

baurmann.dürr architekten
Hirschstraße 120
76137 Karlsruhe
kontakt@bdarchitekten.eu
www.bdarchitekten.eu
Seite 36-39
Fotos: Stefan Baumann / bild_raum

becher + hatzijordanou
brh Architekten + Ingenieure GmbH
Lietzenburger Straße 51
10789 Berlin
mail@brh-berlin.de
www.brh-berlin.de
Seite 154-157
Fotos: Manu Wolf

bsarchitektur
Schlachthausstraße 9
72074 Tübingen
info@bsarchitektur.com
www.bsarchitektur.com
Seite 4 rechts, 18, 110-115, Vor- und Nachsatzpapier
Fotos: Jürgen Wittke

bunq architectes
rue Saint-Jean 32
CH-1260 Nyon
info@bunq.ch
www.bunq.ch
Seite 150-153
Fotos: David Gagnebin de Bons

Cityförster – architecture + urbanism
Escherstraße 22
30159 Hannover
hannover@cityfoerster.net
www.cityfoerster.net
Seite 11, 24, 40-45
Fotos: Arne Hansen / Nils Nolting

COURAGE Architecten
Veenhuizerweg 207
NL-7325 Al Apeldoorn
post@courage.nl
www.courage.nl
Seite 25, 72-77
Fotos: Pieter Kers

de+ architekten gmbh
Markgrafenstraße 86
10969 Berlin
mail@dilling-euler.de
www.dilling-euler.de
Seite 102-105
Fotos: Jan Dilling

FINCKH ARCHITEKTEN BDA
Im unteren Kienle 30
70184 Stuttgart
info@finckharchitekten.de
www.finckharchitekten.de
Seite 5 links, 6, 23, 82-87
Fotos: Thomas Sixt Finckh

guerrilla office architects
Penitentienenstraat 44
BE-3000 Löwen
ontwerp@g-o-a.be
www.g-o-a.be
Seite 54-57
Fotos: Steffen Massart

H2M Architekten + Stadtplaner GmbH
Buchbindergasse 5
95326 Kulmbach
office@h2m-architekten.de
www.h2m-architekten.de
Seite 140-143
Fotos: Johannes Kottjé

hicker architekten
Kolpingstraße 12
86316 Friedberg
info@hicker-architekten.de
www.hicker-architekten.de
Seite 50-53
Fotos: Hans Hicker

Jens Meyerrose Architekt
Burgstraße 17
49716 Meppen (Ems)
info@meyerrose.eu
www.meyerrose.eu
Seite 5 Mitte, 128-131
Fotos: Martin Henze

juri troy architects
Schottenfeldgasse 72/2/12
A-1070 Wien
wien@juritroy.at
www.juritroy.com
Seite 17, 23, 106-109
Fotos: Juri Troy

kirschnick architektur BDA
Immermannstraße 29 / depot
44147 Dortmund
info@kirschnick-architektur.de
www.kirschnick-architektur.de
Seite 120-123
Fotos: Janosch Gruschczyk / Ausnahme: Markus Kirschnick S. 121 oben

L/A Liebel/Architekten
Richard-Wagner-Straße 14a
73430 Aalen
buero@liebelarchitekten.de
www.liebelarchitekten.de
Seite 96-101
Fotos: Michael Schnell

Martin Mostböck DI Arch.
Schönlaterngasse 5/4/3
A-1010 Wien
mail@martin-mostboeck.com
www.martin-mostboeck.com
Seite 136-139
Fotos: Udo Titz (außen) / Edith Almhofer (innen)

Möhring Architekten
Schwedter Straße 34a
10435 Berlin
mail@moehring-architekten.de
www.moehring-architekten.de
Seite 25, 46-49
Fotos: Stefan Melchior Fotodesign

MOSER UND HAGER Architekten
Fadingerstraße 11
A-4020 Linz
office@moserundhager.at
www.moserundhager.at
Seite 23, 88-91
Fotos: Rupert Asanger (S. 88 + 89 links + 90 oben mitte + oben rechts) / Martina Egger (S. 89 rechts + 90 oben links + unten)

naumannarchitektur
Robert-Mayer-Straße 77
70191 Stuttgart
mn@naumannarchitektur.de
www.naumannnaumann.de
Seite 170-173
Fotos: Martin Naumann (S. 170 + 171) / Michael Zellmer (S. 172 + 173)

OYO – Open Y Office
New-Yorkstraat 2P
BE-9000 Gent
info@oyo.is
www.oyo.is
Seite 5 rechts, 132-135
Fotos: Tom Janssens

Planungsbüro Jürgen Haller
Tempel 72
A-6881 Mellau
office@juergenhaller.at
www.juergenhaller.at
Seite 16, 22, 158-161
Fotos: Lichtbildner Albrecht Immanuel Schnabel

Rainer Roth Architekt
Schmiedestraße 10b
54636 Meckel
kontakt@rainerroth.com
www.rainerroth.com
Seite 24, 166-169
Fotos: Christine Schwickerath

Schauer + Volhard Architekten BDA
Moserstraße 25
64285 Darmstadt
schauer-volhard@t-online.de
www.schauer-volhard.de
Seite 20, 32-35
Fotos: Schauer+Volhard / Thomas Ott (S. 34 links oben + unten)

SoHo Architektur
Fuggergasse 1
87700 Memmingen
info@soho-architektur.de
www.soho-architektur.de
Seite 144-149
Fotos: Géraldine Bruneel

Steiner Weißenberger Architekten
Hagelberger Straße 53–54
10965 Berlin
mail@steiner-weissenberger.de
www.steiner-weissenberger.de
Seite 10 oben, 78-81
Fotos: Steiner Weißenberger Architekten

studiofm
Taubenheimstraße 76
70372 Stuttgart
info@studiofm.eu
www.studiofm.eu
Seite 62-65
Fotos: Marc Pejot

ÜberRaum Architekten
1 Purley Place
GB-London N1 1QA
info@uber-raum.com
www.uber-raum.com
Seite 8 Abb. 1, 24, 66-71
Fotos: René Lamb

Das Bildmaterial zu den vorgestellten Projekten stammt von den im Architektenverzeichnis dazu genannten Fotografen.

Die Porträtfotos auf den Seiten 22-25 wurden von den jeweiligen Architekturbüros zur Verfügung gestellt.

Umschlagmotiv Vorderseite: Rupert Asanger, Umschlagbild hinten links: Stefan Melchior, Umschlagbild hinten rechts: Tom Janssens, S. 8/Abb. 2: Steffen Vogt, S. 9/Abb. 3 und 4 sowie S. 12/Abb. 8: Privatarchiv, S. 12/Abb. 9 und 10: © amunt, S. 15/Abb. 13: Hans Hicker, S. 21/Abb. 18: Dirk Wilhelmy, S. 21 Portrait Ahad: Klemens Ortmeyer, S. 23 Portrait Troy: Wolfgang Schmidhuber, S. 25 Portrait Courage: Medea Huisman

IMPRESSUM

Streitfeldstraße 35
81673 München
www.callwey.de
E-Mail: buch@callwey.de

Bibliografische Information der Deutschen Nationalbibliothek: Die Deutsche Nationalbibliothek verzeichnet diese Publikation in der Deutschen Nationalbibliografie; detaillierte bibliografische Daten sind im Internet über http://dnb.d-nb.de abrufbar.

ISBN 978-3-7667-2086-3

Projektleitung: Bettina Springer
Lektorat: WortWörtlich Kommunikation und Marketing, Kerstin Gojan-Dietz, Ludwigsburg
Umschlaggestaltung: hackenschuh communication design, Stuttgart
Layout und Satz: hackenschuh communication design, Stuttgart
Druck und Bindung: freiburger graphische betriebe, Freiburg

Alle abgebildeten Grundrisse und Schnitte wurden von den jeweiligen Architekturbüros zur Verfügung gestellt.
Die Lagepläne wurden von Jens Schiewe, Nürnberg, erstellt.

Printed in Germany 2014

Aus Gründen der textlichen Vereinfachung wird im gesamten Buch zumeist nur von »dem Architekten« geschrieben. Es versteht sich von selbst, dass gleichzeitig auch »die Architektin« oder »die Architektengemeinschaft« gemeint sind.

Literaturempfehlung zum Thema »Einfamilienhaus«

Hubertus Adam / Wolfgang Bachmann, Häuser des Jahres. Die besten 50 Einfamilienhäuser 2013, München (Callwey) 2013.
Wolfgang Bachmann / Ludger Dederich, Die besten Einfamilienhäuser aus Holz, München (Callwey) 2013.
Wolfgang Bachmann / Arno Lederer, Häuser. Das ultimative Planungsbuch, München (Callwey) 2012.
Friedrich Grimm, Einfamilienhäuser unter 250.000 Euro. Individuelle Traumhäuser, die Sie sich leisten können, München (Callwey) 2004.
Manfred Hegger / Caroline Fafflok / Johannes Hegger / Isabell Passig, Aktivhaus. Das Grundlagenwerk. Vom Passivhaus zum Energieplushaus, München (Callwey) 2013.
Manfred Hegger / Isabell Schäfer, Grüne Häuser. Einfamilienhäuser – Nachhaltig – Ökologisch – Energieeffizient, München (Callwey) 2009.
Stephan Isphording, Der ideale Grundriss 2. Das Einfamilienhäuser-Planungsbuch für Architekten und Bauherren, München (Callwey) 2008.
Gert Kähler / Bettina Hintze, Die besten Einfamilienhäuser unter 1.500 Euro/m^2, München (Callwey) 2008.
Arno Lederer / Bettina Hintze, Die besten Einfamilienhäuser unter 150 qm . Deutschland – Österreich – Schweiz, München (Callwey) 2006.
Marc Wilhelm Lennartz, Blockhäuser. Massive Holzhäuser zum Wohnen und Leben, München (Callwey) 2010.
Wolfgang Pehnt / Wolfgang Bachmann, Häuser des Jahres. Die besten Einfamilienhäuser 2012, München (Callwey) 2012.
Hanno Rauterberg / Bettina Hintze, Die besten Einfamilienhäuser in Deutschland, Österreich – Schweiz, München (Callwey) 2011.
Amandus Sattler / Bettina Hintze, Die besten Einfamilienhäuser. Umbau statt Neubau. Deutschland – Österreich – Schweiz, München (Callwey) 2008.
Christian Tröster, Traumhäuser unter 200.000 Euro. Architektenhäuser für ein kleines Budget / 30 Einfamilienhäuser, München (Callwey) 2011.
Andreas K. Vetter, Moderne Giebelhäuser. Traditionelle Form – Innovatives Konzept, München (Callwey) 2006.
Andreas K. Vetter, Townhouses, München (Callwey) 2008.
Andreas K. Vetter, Haus & Auto, München (Callwey) 2011.
Andreas K. Vetter, Haus & Auto. Internationale Projekte, München (Callwey) 2013.
Heinrich Wefing / Bettina Hintze, Die besten Einfamilienhäuser in der Stadt. Deutschland – Österreich – Schweiz, München (Callwey) 2009.